D'UN MONDE À L'AUTRE

Conseil éditorial : Caroline Frisou
Préparation de copie : Élise Peylet
Relecture : Camille Le Dain
Design de couverture et créa intérieure : Joséphine Cormier
Maquette : Jennifer Simboiselle
Photographie du bandeau : © Gabriel Monnet pour *L'Illustré Magazine*

76, boulevard Pasteur
75015 Paris
ISBN : 979-10-285-3373-1

LÉON SALIN

D'UN MONDE À L'AUTRE

Une histoire de transition de genre

LEDUC

LES LECTRICES LEDUC ONT AIMÉ !

Il n'y a pas de mots assez forts pour décrire la puissance de cet ouvrage. C'est une immersion bouleversante dans la résilience, le courage et la quête de soi. Léon nous livre son parcours avec une authenticité saisissante, un témoignage vibrant qui touche en plein cœur. Ce livre éclaire, émeut et transforme. À travers ses mots, ses émotions et sa vérité, j'ai appris, j'ai compris, j'ai grandi. Bien plus qu'un récit, c'est un appel à la compréhension, à l'acceptation et à l'humanité.

Justine, @JustineC_Redpurple

Je viens de me prendre une grande claque en lisant ce parcours. J'ai découvert un homme. Ses questionnements. Ses doutes. Ses espoirs. Ses douleurs. J'ai été émue.

Léon Salin s'ouvre et partage son vécu. Son passé et son quotidien. Il met en lumière sa transidentité, qui lui est propre. Chaque vie est différente. La sienne est unique, vraie et attachante. Je me suis plongée dans ces lignes. J'ai beaucoup appris. J'ai observé les comportements désastreux de chacun. J'ai rejoint Léon dans sa force d'être celui qu'il était au fond de lui. En ouvrant ce livre, une force s'en dégage. Une liberté en émane. Et une confiance en soi en ressort. La transidentité n'est pas une honte. Elle est une valeur. Je vous conseille vivement de lire ce récit. Je l'ai dévoré. Il est d'utilité publique. Ouvrez les yeux et ouvrez les bras à chacun des êtres qui vous entourent.

Pétronille, @dans_tous_mes_etats

Léon Salin nous livre avec cet ouvrage un témoignage percutant sur la transidentité. J'ai beaucoup apprécié l'alternance entre les explications théoriques et concrètes sur les différentes notions autour de l'identité d'une part, et la plongée au cœur de ses émotions et ressentis durant les longues années qu'a duré cette quête identitaire, d'autre part. Un récit passionnant sur la transition de genre qui permet d'éveiller les consciences.

Fiona, @blondinette_lit

D'un monde à l'autre de Léon Salin est bien plus qu'un simple récit autobiographique : c'est une plongée intime et captivante dans l'expérience de vie d'un homme né dans un corps qui ne correspondait pas à son identité de genre. En 192 pages, l'auteur réussit le pari audacieux de raconter son parcours avec une authenticité désarmante tout en nous offrant une compréhension approfondie de la complexité de la transition de genre. Chaque page résonne d'une portée universelle, invitant à la réflexion et à l'empathie. L'auteur aborde avec finesse les défis émotionnels, sociaux et médicaux auxquels il a été confronté, nous permettant de mieux saisir les implications profondes d'une transition de genre, tant sur le plan individuel que sociétal. Mais le livre ne s'arrête pas là. Léon Salin a aussi l'ambition de déconstruire les idées reçues et les stéréotypes qui entourent les questions de genre. À travers des passages didactiques, il enrichit son récit d'informations factuelles, de définitions claires, de données chiffrées et d'analyses contextuelles.

Christine, @christine_bookworm

Pour toutes les personnes qui se pensent
hors de la norme,

Pour mes parents,

Pour ma sœur,

Pour Lakna.

Peut-être que tu lis ce livre, car les personnes trans sont devenues un sujet de plus en plus abordé avec tes ami·es ou ta famille. Peut-être que ton enfant, parent, ami·e ou collègue te l'a offert pour que tu changes d'avis. Peut-être que tu es toi-même trans et que ce que je vais raconter t'intéresse. Peut-être que tu es proche d'une personne trans et que tu aimerais comprendre. Peut-être que tu ne savais pas que ce livre allait parler de transidentités et que tu vas le refermer à la fin de cette phrase.

Je suis un homme trans. À ma naissance, les médecins ont annoncé à mes heureux parents : « C'est une fille ! » Ça m'a pris vingt ans pour comprendre qu'ils s'étaient trompés. Ce livre est une tentative de revenir au cœur des transitions de genre – *pourquoi on transitionne* ?

La raison est simple : pour que la manière dont tu me perçois corresponde à la manière dont je me perçois. Mais promis, à la fin de ces 192 pages, tu vas comprendre.

Je t'emmène dans mon monde le temps d'un instant. Peut-être que mon histoire adoucira la tienne.

SOMMAIRE

AVANT DE COMMENCER

Une **personne transgenre** est une personne qui ne se reconnaît pas dans le genre qu'on lui a assigné à la naissance.

Un **homme trans est un homme** qui a été assigné fille à la naissance.

Une **femme trans est une femme** qui a été assignée garçon à la naissance.

Une **personne non binaire** est une personne qui ne se reconnaît pas dans les catégories binaires : homme ou femme.

Une personne **cisgenre** est une personne qui se reconnaît dans le genre qu'on lui a assigné à la naissance.

BIENVENUE DANS LA DÉVIANCE WOKE

Depuis 2015, les personnes trans sont de plus en plus visibles. Nous sommes en couverture de tes magazines, dans tes séries Netflix, dans tes médias et même dans certains de tes livres.

Cette visibilité t'inquiète peut-être, car tu as l'impression que notre nombre est en augmentation, en explosion même. Que les réseaux sociaux convertissent à la transidentité. Que c'est une drôle de mode que les jeunes adoptent pour recevoir un peu d'attention. Que c'est un danger pour tes enfants, qui endurent la théorie du genre à l'école, et qui finiront par prendre des hormones et subir des chirurgies qui seront leur plus grand regret.

Tu te dis que ce voyage de transition a un *but autre* que simplement se sentir en harmonie avec soi-même. Tu ne peux pas t'empêcher de penser que les femmes trans transitionnent pour accéder aux espaces réservés aux femmes ou concourir à leur avantage dans les compétitions sportives et que les hommes trans cherchent à s'évader de leur condition de femme ou à refouler leur féminité à la suite de violences sexuelles. Tu vas jusqu'à penser que la transidentité est en réalité une idéologie. Que nous cherchons à détruire une certitude avec laquelle tu as grandi : l'idée que le genre est basé sur la biologie, que les hommes ont tous des pénis et des chromosomes XY et que les femmes ont toutes des vulves et des chromosomes XX.

Ces craintes t'amènent peut-être à penser que la transidentité est une maladie mentale, comme le suggérait l'Organisation mondiale de la santé (OMS) jusqu'en 2019. Peut-être trouvais-tu justifiée l'obligation de stérilisation pour accéder au changement de genre sur les papiers officiels en France, en vigueur jusqu'en 2016. Peut-être adhérais-tu à la déclaration de Macron en 2024, qualifiant la facilitation d'un changement de genre en mairie de « complètement ubuesque ». Et peut-être même juges-tu légitime la proposition d'interdire la prise d'hormones pour les mineur·es, discutée au Sénat français cette même année.

Ou alors, au contraire, tu trouves que la loi de modernisation de la justice du XXIe siècle (loi n° 2016-1547 du 18 novembre 2016) est une avancée importante ; qu'il est juste de nous laisser modifier nos papiers d'identité sans nous forcer à la stérilisation. Tu trouves essentiel d'interdire la discrimination envers les personnes transgenres : il est normal qu'on puisse accéder à un emploi, un logement ou un service sans être jugées pour nos identités. Peut-être aussi que tu considères que la loi de 2017, qui a introduit l'identité de genre comme circonstance aggravante dans l'article 132-77 du Code pénal français, est essentielle : parce qu'attaquer quelqu'un en raison de son identité de genre devrait effectivement être puni plus sévèrement.

On ne se connaît pas personnellement, je ne sais pas quelles sont tes croyances qui te poussent ou pas à avoir peur (phobie) des personnes trans. Mais cette peur nuit fortement à nos vies. En nous réduisant à une idéologie, c'est comme si on n'était plus vraiment des humains au même titre que toi.

Il est vrai que la parole s'est libérée et que nous sommes plus visibles. La raison est simple. Au XXIe siècle, une prise de conscience collective au sein des sociétés occidentales nous a poussé·es à évoluer face aux inégalités historiques. À devenir plus inclusif·ves, plus équitables, plus LGBTQIA+ *friendly*, moins racistes et moins sexistes. En conséquence, des populations historiquement opprimées ont de plus en plus accès à une vie digne.

Pour comprendre les prochaines lignes, il faut qu'on soit d'accord sur ce principe de base : nous ne voulons plus d'un monde où le simple fait de naître dans une enveloppe corporelle spécifique offre l'accès à divers privilèges dans la vie. Nous voulons une société plus équitable où les différences sont valorisées. Ceci est un idéal, il n'existe pas. Mais la visibilisation croissante des personnes trans entre dans la poursuite de cet idéal.

Il est vrai que les réseaux sociaux ont largement contribué à cette visibilité croissante. Avant leur invention, l'information circulait via des médias traditionnels, avec une équipe de rédaction qui choisissait les sujets traités. Les réseaux sociaux ont bouleversé cette hiérarchie.

N'importe qui, même des populations marginalisées comme les personnes trans, est désormais en mesure de rédiger et publier de l'information accessible au grand public. Mais les réseaux sociaux ne convertissent personne à la transidentité. Voir une personne trans ne rend pas trans quelqu'un·e qui ne l'est pas. J'ai grandi dans un monde où les personnes cisgenres dominaient mes références, que ce soit dans les films, les livres ou sur les réseaux sociaux. Et pourtant, je suis et reste transgenre. Prétendre que voir une personne trans pourrait te « rendre trans » revient à affirmer que voir un·e homosexuel·le pourrait te rendre gay. Une allégation largement propagée dans les années 1960 à propos de la visibilité homosexuelle.

La représentation permet de nommer une souffrance préexistante. Si tu es trans, mais que tu ne le sais pas encore, voir une personne trans peut t'aider à en prendre conscience et donc à te libérer d'une souffrance sur laquelle tu n'arrivais pas à mettre des mots.

*Il est vrai que le nombre de personnes trans de moins de 18 ans est en augmentation**. Une étude** a révélé une diminution progressive de l'âge du coming out trans au cours des trente dernières années. Les baby-boomers (1946–1965) font leur coming out en moyenne à 50 ans, tandis que les membres de la génération Z (1997–2012) le font autour de 17 ans. Ainsi, il n'y aurait pas nécessairement plus de personnes trans qu'avant, mais des coming out plus précoces. Cette évolution semble corroborée par la baisse significative des coming out trans à l'âge adulte. Ceci est une évolution positive, car elle permet aux personnes de vivre leur identité dès leur plus jeune âge, et non plus à partir de leurs 50 ans. Mais attention, ce n'est

---

* McKechnie, D. G. J., O'Nions, E., Bailey, J., Hobbs, L., Gillespie, F., Petersen, I., « Transgender identity in young people and adults recorded in UK primary care electronic patient records: Retrospective, dynamic, cohort study », *BMJ Medicine*, *2*(1), 2023, e000499. https://doi.org/10.1136/bmjmed-2023-000499 ; Herman, J. L., Flores, A. R., O'Neill, K., « How many adults and youth identify as transgender in the United States? » The Williams Institute, UCLA School of Law, 2022.

** Puckett, J. A., Tornello, S., Mustanski, B., Newcomb, M. E., « Gender variations, generational effects, and mental health of transgender people in relation to timing and status of gender identity milestones », *Psychology of Sexual Orientation and Gender Diversity*, *9*(2), 2022, 165-175.

pas parce qu'une personne se considère comme transgenre qu'elle a forcément recours à des interventions médicales. Encore moins si elle est mineure. L'idée que les enfants subiraient des modifications génitales ou une hormonothérapie est complètement fausse. Les chirurgies génitales ne sont pas pratiquées avant la majorité. Avant 18 ans, la prise d'hormones est possible pour autant que la puberté ait débuté. Logiquement, on ne met pas d'hormones dans un corps non hormoné. Les autres interventions médicales auxquelles peuvent avoir recours les mineur·es sont la prise de retardateurs de puberté et, pour les personnes qui visent la masculinisation, la torsoplastie*. Avant que tu t'affoles, les retardateurs de puberté ne sont que très rarement prescrits et les torsoplasties très rarement effectuées avant la majorité.

Voici quelques chiffres :

- En France, en 2020, sur 9 000 personnes bénéficiant de l'Affection Longue Durée (ALD) 31, liée à une transition de genre, seulement 294 étaient mineures**. Cela représente environ 0,002 % de la population mineure française. Parmi ces jeunes, seuls 32 ont eu accès aux retardateurs de puberté***.

- En Suisse, il y a eu 15 torsoplasties sur des mineur·es en 2019, 21 en 2020, 25 en 2021 et 24 en 2022. Ce qui fait un total de 85 torsoplasties en quatre ans, soit 0,0047 % de la population de jeunes en Suisse****.

Il est possible que le nombre de personnes trans soit en légère augmentation. Mais ce ne sont pas les seules de l'acronyme LGBTQIA+ ! Le nombre de LGB (lesbiennes, gays, bi) est également en légère

---

* Chirurgie d'ablation de la poitrine.

** Haute Autorité de Santé (HAS), « Cadrage de la réflexion sur l'accompagnement des enfants et adolescents transgenres », 2022.

*** Défenseur des droits, « Avis n° 24-05 relatif à la proposition de loi n° 435, visant à encadrer les pratiques médicales mises en œuvre dans la prise en charge des mineurs en questionnement de genre », 2024.

**** Office fédéral de la statistique, « Opérations de réassignation sexuelle dans les hôpitaux suisses, de 2019 à 2022 », 2023.

augmentation, surtout chez la génération Z*. Cette évolution reflète une société plus ouverte et moins rigide qu'autrefois.

La plupart des études s'accordent pour dire qu'entre 0,1 % et 3 % de la population mondiale serait transgenre. Cependant, il est très difficile de mesurer la réalité de l'augmentation du nombre de personnes trans. Et finalement, si notre nombre augmente, pourquoi est-ce si alarmant ? La panique sous-entend une réticence à notre existence.

Il est vrai que les femmes et les hommes existent ; d'ailleurs, la plupart ont des organes génitaux correspondants : vulve pour les femmes et pénis pour les hommes. Mais ce n'est pas toujours le cas.

En réalité, le sexe et le genre sont deux entités séparées. Le sexe fait référence aux caractéristiques sexuelles biologiques, ainsi qu'aux aspects juridiques et politiques. Quant au genre, il est composé de l'identité de genre et de l'expression de genre. Une troisième entité distincte est l'orientation, elle-même composée de l'attirance sexuelle et de l'attirance affective.

LE SEXE

Les aspects biologiques du sexe ne sont pas uniquement formés des parties génitales. Il y a également le sexe hormonal ou encore chromosomique, qui est censé diviser l'humanité en deux groupes immuables :

- XX = vulve,
- XY = pénis.

Mais la nature est bien plus complexe que ce découpage binaire. Certaines personnes, intersexes, se jouent de ces frontières et peuvent avoir des organes génitaux qui ne sont ni totalement mâles, ni totalement femelles.

---

* GLAAD Media Institute, « Accelerating acceptance report 2024 ».

Dès ta naissance, une lettre sera inscrite sur tes papiers d'identité : F ou M ? Les aspects juridiques et politiques du sexe découlent de l'apparence de tes organes génitaux externes. Cette petite lettre te suivra toute ta vie et sera inscrite dans la plupart des registres légaux de ton pays.

LE GENRE

L'identité de genre, *c'est comment tu te ressens*. Personne ne peut le savoir à ta place. Située dans ton for intérieur, elle est invisible par autrui. C'est sans doute l'aspect le plus complexe du genre : elle se construit à travers une prise de conscience et un cheminement identitaire. C'est un exercice auquel la plupart des gens n'ont jamais à se confronter, un luxe réservé à celles et ceux qui n'en ressentent pas le besoin.

L'expression de genre, *c'est ce que tu montres au monde*. Ce sont les signaux envoyés à autrui pour qu'ils et elles te placent dans la bonne case : homme, femme, non-binaire. Consciemment ou inconsciemment, tout le monde se livre au jeu de l'expression de genre. Les habits que tu choisis, les bijoux que tu portes ou ne portes pas, la longueur de tes cheveux... Toutes ces décisions stylistiques suivent un cadre strict que notre société impose, dictant ce qui appartient à la féminité et à la masculinité. Mais l'expression de genre ne reflète pas toujours l'identité d'une personne : une expression féminine n'implique pas forcément une identité de genre « femme » et vice versa. C'est-à-dire qu'un homme peut totalement envoyer des signaux féminins tout en restant homme. Dans mon cas, je me ressentais déjà garçon à 15 ans, mais mon expression de genre restait féminine car je ne savais pas qu'il était possible de faire autrement.

Ainsi, le sexe, l'identité de genre et l'expression de genre ne correspondent pas toujours, mais ils concordent pour l'écrasante majorité de la population. C'est-à-dire que la majorité des femmes vont avoir un sexe « femelle », se ressentir comme femme et s'exprimer de manière féminine. Mais la biologie n'est pas une destinée. Pour certaines personnes, cette concordance n'est pas aussi évidente. Tout ce que je te demande, c'est de nous laisser cet espace de navigation, entre ces lignes poreuses du genre.

L'ORIENTATION

L'orientation sexuelle ou affective n'a rien à voir avec le sexe ou le genre. Cela concerne l'attirance que tu ressens envers les autres. Elle peut être purement sexuelle et/ou affective, avec des sentiments.

Imagine que demain tu te retrouves seul·e, nu·e sur une île déserte. Tu auras tes organes génitaux, ils existeront. Mais ton genre, lui, n'existera plus, car il n'y aura personne pour te percevoir comme un homme, une femme ou une personne non binaire. Pareil pour ton orientation sexuelle, si aucun autre humain ne se trouve sur l'île, ton orientation sexuelle devient caduque.

Scannez ce QR code pour en savoir plus sur la triade sexe-genre-orientation !*

---

* Université de Genève, *Le genre en théorie : distinguer sexe, genre et orientation sexuelle.*

AUX RACINES

Des pleurs. Je me réveille les joues irritées par mes larmes engorgées de sel.

« Elle est où, maman ? Il est où, papa ?

— Papa et maman ne sont pas là, ils rentreront bientôt », me répond ma grand-maman.

Ça faisait déjà trop longtemps que je ne les avais pas vus. Je savais qu'ils étaient partis pour une sombre raison, le type d'explication qu'un enfant de mon âge ne comprend pas vraiment. La raison avait un prénom : Thomas, mon petit frère. Il aurait eu 25 ans cette année. Il est mort à quelques mois seulement, après être né avec une déformation des poumons. Mes parents ont fait face à un choix cornélien à la naissance de leur troisième enfant.

- Choix A : Thomas reste en vie, mais accroché à une machine respiratoire toute sa vie. L'hôpital devient sa maison.

- Choix B : Thomas continue sa vie ailleurs, mais pas sur terre.

Le Choix A aurait été un peu moins douloureux au moment de sa naissance. Mais mes parents ont une grande force. Alors, à mes deux ans, je comprends que j'ai un petit frère, mais qu'il a déjà quitté ce monde.

C'est mon premier souvenir : la tristesse de mes parents face à la mort de leur fils.

> *Mais tout s'explique ! Tu as tant voulu être un garçon pour remplacer ton frère aux yeux de tes parents.*
>
> Ce n'est pas si simple. Lorsqu'une personne transitionne, il n'y a ni explication logique ni coupable à désigner. Ce n'est

pas comme si un drame s'était produit (ma transition) et qu'il fallait trouver un coupable (la mort de mon frère). Mais ça ne veut pas dire qu'un tel drame n'a eu aucune incidence sur ma vie. Bien évidemment, c'est un de ces instants cruciaux qui a influencé ma personnalité, comme plein d'autres événements dans ma vie. Je suis certain que toi aussi tu as vécu des événements marquants, tragiques, et ça ne t'a pas rendu·e transgenre.

J'ai transitionné car j'avais le besoin d'être perçu comme l'homme que je suis, avec ou sans Thomas.

AUCUNE FILLE N'EST COMME LES AUTRES

Ils ont fini par rentrer, mes parents, et la vie a repris son cours. Nous habitions en Suisse, dans un village au nord de Lausanne.

Petit, j'étais un tombeur. Beaucoup de garçons de ma classe étaient amoureux de la petite fille qu'ils voyaient en moi. Ça m'amusait énormément. Ils disaient tous la même chose : « Mais toi, tu n'es pas comme les autres filles, t'es fort au foot. »

À 7 ans, je rencontre mon premier amour : Salomon. Sa peau mate est délicatement déposée sur ses os qui portent déjà le lourd fardeau d'une rupture familiale précoce. Son petit corps semble étiré entre le sol et l'espace, le remplissant d'une tension immortelle. Son nez est constamment niché dans des bouquins bien trop compliqués pour son âge. Ses yeux bruns transmettent une intelligence qui déstabilise les adultes les plus cultivés. Sa beauté le rend très populaire auprès des filles de la classe, un peu moins auprès des garçons. D'ailleurs, il passe la plupart des récréations entouré de filles.

Très vite, nous formons un couple. Notre professeure fredonne la marche nuptiale à chaque fois que nous franchissons conjointement la porte de sa classe.

Certes, mes exploits footeux me démarquaient de la plupart des autres filles. Je ne collais pas au modèle de la fille basique. Ce modèle qui voudrait que les filles soient coquettes, douces, gentilles, nulles au foot… Mais toutes les petites filles sortent au moins en partie de ce modèle. À cet âge, chaque différence est enfouie dans une cachette inatteignable par le reste des enfants, qui mettent beaucoup d'énergie pour se fondre dans la masse.

Très vite, j'ai compris que c'était mon organe génital qui devait dicter mon comportement. J'étais né avec une vulve, donc je devais me comporter comme une fille. Comme si ma vulve engendrait une certaine personnalité. C'est pour ça qu'on dit souvent que le genre est une construction sociale. En réalité, ce ne sont pas tes parties génitales qui font de toi un homme ou une femme, mais les rôles qui y sont attribués.

Je trouvais ça profondément injuste d'être défini comme obligatoirement nul au foot à cause d'un truc entre mes jambes que je ne regardais jamais.

En couple avec le garçon le plus beau de l'école, nous régnions comme le couple star d'un lycée étasunien : le *quaterback* et la *cheerleader*. Ceci a duré jusqu'à nos 14 ans, moment où notre idéal de petit couple hétéro marié s'est déchiré, en raison de nos « intérêts différents » : j'aimais les filles et lui les mecs. Bien évidemment, nous n'avons pas tout de suite assumé notre homosexualité respective, mais nous étions liés à vie. Chacun avec son petit secret enfoui bien profond dans son cœur.

Salomon sortait lui aussi du modèle du garçon basique. Même avant notre rupture, il subissait beaucoup de violences homophobes. C'était mon copain et je le défendais. Les autres garçons de ma classe sous-entendaient constamment que ce n'était pas un *vrai homme*.

« Salomon, il fait du latin, il a que des amies filles, il a une coque d'iPhone blanche... C'est un *pédé*. »

Ça me rendait fou. Comment pouvaient-ils traiter l'homme de ma vie de *pédale* ?

Après tout il sortait avec moi, une femme, donc il n'était pas gay ! Il se trouve qu'il était en couple avec un garçon depuis sa plus tendre enfance. Il a été attiré par l'homme en moi avant même que je sache qu'il existait.

***

À 14 ans, je n'arrête pas de chercher la meilleure des couvertures pour prouver mon appartenance à *la norme*. Notre classe est scindée avec d'un côté les filles, et de l'autre les garçons. Il n'y a aucun mélange. Les filles sont elles-mêmes séparées entre celles qui correspondent aux critères de beauté de l'époque et les autres. Je suis une fine blonde aux yeux bleus. Certes, je n'ai pas les seins ou les fesses des autres filles populaires, mais je suis quand même rangé avec elles. Je joue la comédie de la fille qui sort avec le mec populaire. Le plus beau garçon de notre classe s'appelle Damien. Ses maigres lèvres rosées laissent apparaître un sourire blagueur qui le quitte rarement. Notre couple fait sensation. Lors de la course d'école annuelle, mes copines prennent secrètement une photo de nous deux. On me voit tenir la nuque de mon mec, mon biceps apparent. Au départ très fier de cette photo, Damien frime devant ses potes. Mais tous ses amis s'arrêtent net devant le biceps de sa copine qu'ils trouvent beaucoup trop gros. Vexé et insulté dans sa masculinité, Damien m'interroge :

« C'est quoi, ce biceps ? Tu cherches quoi au juste ? Tu en auras bientôt des plus gros que moi… »

Gêné, je réponds que je ne cherche rien, que c'est juste ma morphologie.

Dès mes 14 ans, on commence à me chambrer sur ma morphologie. Je ne peux pas m'empêcher de prendre part aux nombreux concours de bite auxquels se livrent les garçons. Dans la cour de récréation, ils se rassemblent en groupes pour se livrer à diverses performances : *c'est qui le plus fort ?* Bien qu'elles soient réservées à ceux nés avec des testicules, je pénètre leurs cercles bien fermés pour moi aussi mesurer la mienne. D'un bond, j'agrippe la tige métallique d'un jeu pour enfant que les garçons de ma classe ont transformé en barre de traction. Le froid de la barre contamine mes doigts pour les cadenasser autour du métal. J'enchaîne les tirages sans m'arrêter. Débordant de fierté face à ma performance, je me sens aussi fort qu'eux, alors qu'on me répète sans cesse que les filles ne sont pas comme les garçons. Au bout de la troisième remontée, je sens le poids du regard collectif se poser sur moi. Leurs yeux sont remplis de dégoût et ils quittent l'arène.

On me surnommait l'Église : « Les seins (saints) restent à l'intérieur. » Je n'étais pas spécialement blessé par ces paroles, mais le soir dans mon lit je priais Dieu pour que mes seins poussent plus vite. Mon corps plutôt masculin ne rentrait pas dans les normes de la bonne meuf. Alors je rêvais d'avoir des seins et mes règles en même temps que toutes mes meilleures copines.

> *Mais comment ça, tu voulais des seins alors que tu étais un garçon ?*
>
> Je voulais simplement rentrer dans la bonne case, celle qui collait à mes parties génitales, puisque le monde fonctionnait ainsi. Je ne voulais absolument pas être différent. Mon histoire diverge de celles que tu as entendues le plus souvent sur les personnes trans. Celles où l'enfant trans déteste son corps et s'arrache la bite ou les seins d'un coup de ciseaux bien aiguisés. Non, je ne détestais pas mon corps de jeune fille. Mon corps ne me dérangeait pas plus que ça. Il m'était un peu étranger, mais je ne m'y sentais pas captif.

Je ressentais un *décalage*. Une sensation de non-concordance entre qui je pensais être et comment les autres me percevaient. C'est ce *décalage* qui me faisait souffrir. On pourrait le nommer « incongruence de genre* ». C'est comme si mon identité manquait une marche. J'avais le sentiment constant de ne pas remplir entièrement mon corps. De ne pas réellement l'habiter. La façon dont je me déplaçais dans l'espace le prouvait. On pouvait remarquer que mon corps suivait mon esprit quelques secondes après ses mouvements. Je le ressentais comme une enveloppe matérielle qui servait à exécuter les ordres de mon esprit. Je n'avais aucune considération pour son apparence ou les habits avec lesquels je le couvrais. Je copiais machinalement ce que mes amies filles portaient. À cette époque, mon identité de genre était déjà *homme*, même si je ne l'avais pas encore conscientisé. Par contre, mon expression de genre était celle

---

* Aussi connue sous le terme « dysphorie de genre », « incongruence de genre » est utilisé depuis janvier 2022 dans la CIM-11, la classification mondiale des maladies publiée par l'Organisation mondiale de la santé, afin de dépathologiser les identités trans.

d'une jeune fille et je n'essayais pas de faire autrement. C'est seulement trois ans après ma première dose de testostérone que mon corps a commencé à me ressembler et que mon expression de genre s'est mise peu à peu à correspondre à mon identité.

LES LESBIENNES DE L'ÉQUIPE

Le village dans lequel j'ai grandi n'était pas particulièrement diversifié. Il n'était donc pas particulièrement ouvert d'esprit. Dans mon école, les personnes LGBTQIA+ étaient invisibles. La menace d'être frappé·e par l'homosexualité planait lourdement sur chaque élève, qui priait chaque soir pour y échapper. J'ai le souvenir d'une seule personne qui était connue pour être gay. Et il s'en prenait plein la gueule.

« Lui, il faut faire gaffe à ne pas se mettre devant lui, il pourrait t'enc****. »

Alors, quand l'école apprit que Léon*, un des membres du groupe des filles populaires, était lesbienne, c'était le déluge. La honte d'être différent a commencé à me ronger les os à la vitesse de propagation de la rumeur.

Avant de me rendre compte que j'étais un homme, j'ai compris que j'aimais les filles. Ce qui, à l'époque, faisait de moi une lesbienne.

> *C'est donc pour ça que tu as transitionné, car tu aimais les filles et tu ne voulais pas être homosexuelle.*
>
> Non. L'orientation sexuelle et le genre sont deux concepts complètement différents. Lesbienne ou gay (LG de LGBTQIA+) sont des orientations sexuelles. Transgenre (T de LGBTQIA+) concerne le genre. Le premier a un rapport avec la sexualité

---

* Pour des questions de respect de mon identité, même dans le texte qui se passe avant ma transition, je préfère utiliser mon prénom au lieu de mon morinom. De même, j'utilise le pronom « il », y compris dans du discours rapporté du passé, afin d'encourager les proches des personnes transgenres à faire pareil.

et l'attirance, le deuxième fait appel à un ressenti personnel, il n'a rien de sexuel. Je n'ai pas transitionné parce que j'étais attiré par les filles. Encore une fois, ne cherchons pas de coupable pour justifier ma transition.

À cette époque, le mot *lesbienne* était le seul que je connaissais et celui qui se rapprochait le plus de mon ressenti. Je sentais un décalage avec ce terme, mais en trouver un autre, c'était comme imaginer une nouvelle couleur. La transidentité n'existait pas dans mon monde, ce n'était même pas une possibilité.

Quatorze ans. C'est l'âge où toute ma vie a basculé. Toujours en couple avec Damien, je rejoins l'équipe féminine de basketball de ma région. J'y rencontre Diane, cette fille qui a directement monopolisé mon regard. C'était comme si tout son corps propageait une lumière agréablement éblouissante. Elle a de longs cheveux tressés qui rebondissent sur son fessier. Ses yeux d'un noir perçant transpirent une force sans limites. Ses dents étincelantes surgissent à chacun de ses éclats de rire contagieux. Sa peau semble parfaitement tirée sur chacun de ses membres.

Mon corps est frappé par une évidence incontournable : je veux passer TOUT MON TEMPS avec elle. Je veux qu'elle me perçoive comme fort, puissant et doux.

C'est la capitaine de l'équipe et moi, je n'ai jamais touché à une seule balle de basket. Au début, je suis nul. Je n'ai même pas le droit de m'entraîner sur le même terrain que cette fille que j'aimerais tellement connaître. Alors je me saigne. Je m'entraîne sans répit pour atteindre le niveau supérieur dans l'unique but de la rejoindre. Capuche sur la tête, gros rap dans les oreilles et ballon à la main, je me rends sur le terrain de basket de mon village.

Look, if you had one shot or one opportunity
To seize everything you ever wanted in one moment

*Would you capture it or just let it slip?**
(Eminem, « Lose Yourself »)

La balle rebondit péniblement sur le sol rugueux pour atteindre mes doigts glacés. Le vent me gifle le visage, la pluie salit mon jogging, le soleil réchauffe mon nez coulant. Ce terrain devient une arène de combat contre cette boule de feu qui se propage dans mon torse. Sans répit, je lance ma balle dégonflée contre le panneau dont la peinture blanche a laissé des traces d'une présence fantôme. Bien trop souvent, elle ne fait qu'effleurer le filet en métal, faisant résonner le son de mes échecs. Je ne quitte pas le terrain jusqu'à ce que dix sur dix de mes lancers percent le cerceau orange.

À l'école, je continue ma relation amoureuse avec Damien. Notre couple validait mon ancrage dans les normes cis-hétérosexuelles. Il était facile de sortir avec lui, jusqu'au moment où il a fallu prouver mon hétérosexualité : l'étape de notre première fois.

« Tu es prêt ? » me demande Damien, les yeux remplis d'espoir d'une réponse affirmative. Il n'y a rien que je désire moins au monde. J'essaie d'esquiver, mais la pression monte. Ses potes en rajoutent une couche : « Tu sais, Damien, il est prêt à aller plus loin. Il faudrait que tu le sois toi aussi. »

Mon amoureux m'invite à pique-niquer au bord de mon terrain de basket adoré. Il a soigneusement déposé une couverture sur le sol jonché de feuilles mortes. Allongé, une masse s'enfonce dans mon dos. Sûrement un caillou qu'il a oublié d'enlever. Ses lèvres viennent se poser d'abord dans mon cou, puis sur ma bouche. Le caillou est ovale. Sa main arrive au bas de mon ventre. J'aimerais enlever ce caillou. Il ouvre ma braguette pour glisser sa main dans ma culotte. Le froid a anesthésié ma peau, je sens juste cette masse enfoncée dans mon omoplate droite. Embarqué dans sa première découverte d'une vulve, Damien ne se doute pas qu'il est seul dans

* *Si tu n'avais qu'une seule chance, une seule opportunité*
De saisir tout ce que tu as toujours voulu en un instant
Est-ce que tu la saisirais ou est-ce que tu la laisserais filer ?

son aventure. Il est doux et gentil, bien intentionné, mais ma bouche reste scellée. Je ne savais pas que j'avais le droit de refuser.

> *Cette première expérience sexuelle t'a dégoûté des hommes. Tu es devenu lesbienne, puis trans.*
>
> À nouveau, ne cherchons pas de coupable à ma transition ou à ma sexualité. Ce n'est pas une seule expérience déplaisante qui va définir toute mon identité. Ma transition ne s'explique pas par des événements spécifiques de ma vie, mais par ma nature intime.

J'atteins le niveau de basket requis pour accéder au terrain sur lequel Diane s'entraîne. Elle va enfin me remarquer. Trois jours par semaine, nos pieds seront sur le même sol.

L'électricité circule directement entre nous. Le nom de Diane devient le seul mot de mon vocabulaire. Elle hante quotidiennement mes pensées. Rien à voir avec mes autres amies filles. Un mardi, lors d'un entraînement comme les autres, une coéquipière remarque notre proximité : « Vous savez que dans chaque équipe de basket féminine, il y a au moins trois lesbiennes ? » dit-elle avec un sourire narquois.

Éclats de rire aux quatre coins du terrain. Toutes les joueuses commencent à s'accuser de lesbianisme. Ce n'est pas la même accusation que celle que j'ai pu ressentir dans mon collège. Je ne perçois pas de réel dégoût attaché à ces accusations, juste de la camaraderie.

Nos baskets neuves frappent le sol en caoutchouc. Nos peaux luisantes de transpiration s'entrechoquent dans une défense agressive. Genoux pliés, tensions dans les cuisses, je lui fais barrage. Diane drible de la main droite et fixe son regard dans mes yeux inquiets ; il ne faut pas qu'elle me dépasse. Elle me fait un petit sourire avant de rapidement feinter, de partir vers la gauche pour passer par la droite. Panier. Lèvres pincées, front plissé, bras écartés, elle bouge son bassin dans une danse de satisfaction. Mon estomac se tord et je réalise : *je la veux, cette meuf.* Je la kiffe, je suis amoureux d'elle. Ça ne me choque pas d'aimer et de désirer une fille, ça me semble plutôt normal. Je ne réalise pas tout de suite que mon attirance implique la différence. Je ne réalise pas que ça fait de moi une lesbienne.

Je quitte l'entraînement avec la tête dans les nuages. J'avais déjà été amoureux, mais d'un amour enfantin pour mon Salomon. Là, c'est différent : je brûle de désir pour cette femme. Ce soir-là, Diane m'envoie le message qui annoncera le début de ma vie LGBTQIA+ :

Léon, je crois que je sais qui sont les lesbiennes de l'équipe.

Ah ouais ? Qui ?

Moi.

Mon cœur s'emballe. Je ne suis pas tout seul, je ne m'invente pas un sentiment qui ne serait pas naturel ; elle le vit aussi. Sans hésiter, pas même une seconde, je réponds :

Moi aussi.

Ça me paraissait tellement juste, tellement aligné avec mon ressenti. C'était la première fois que je comprenais un aspect de mon identité : j'étais bel et bien attiré par les filles. Le problème, c'est que j'étais toujours en couple avec le mec populaire de l'école. Celui qui n'aimait pas mes biceps. Alors que Diane, elle, les adorait.

La suite s'est enchaînée très vite. On se donne rendez-vous dans les vestiaires, 1 h 30 avant le début de l'entraînement. Les vestiaires des filles deviennent notre refuge, un espace de paix inattendu. Pensés selon une conception exclusivement hétérosexuelle de la société, ces lieux sont séparés en fonction du genre pour éviter d'éventuelles attirances sexuelles entre filles et garçons. Mais ce modèle de séparation ne tient pas face aux réalités *queer*. Pour nous, homosexuel·les et personnes trans, cette séparation genrée est obsolète.

Les vestiaires sont vides, nos coéquipières ne sont pas encore là. On ne sait pas exactement comment se comporter maintenant que nos attirances ont été avouées. Diane me plaque contre le mur en carrelage jaune pisse. Sa fraîcheur m'agresse la peau. À l'instant où ses lèvres s'appuient contre les miennes, mon estomac se serre. C'est une sensation nouvelle qui me conforte dans mon attirance pour les filles plutôt que pour les garçons. La porte s'ouvre, un vent froid envahit la pièce. Diane me pousse fort, je me retrouve écarté au moment où notre coéquipière lance son sac sur le banc : « Vous êtes déjà là, les lesbiennes ? »

Un rire gêné résonne dans le vestiaire.

« N'importe quoi, c'est toi la lesbienne », rétorque Diane.

Pour moi, il n'y avait même pas de question. J'étais lesbienne, sans aucun doute. J'ai rompu avec Damien sans pouvoir lui donner de raison, car malgré ma certitude, je savais qu'être lesbienne était honteux et qu'il ne fallait surtout pas que ça se sache. J'ai entamé une relation clandestine avec Diane.

Mes semaines étaient complètement chamboulées par ma nouvelle relation. Avant chaque entraînement, je faisais quarante-cinq minutes de bus pour rejoindre le seuil de chez Diane. Ses parents, très stricts, ne lui permettaient de sortir que pour le basket. Alors, j'allais la chercher à chaque fois, juste pour savourer ces moments volés avant l'entraînement.

J'étais très vite prêt à « aller plus loin » avec elle. Je pensais à ce moment tous les jours et nous avons commencé à le planifier. Diane venait beaucoup chez moi. Mes parents la connaissaient bien et trouvaient super que j'aie une nouvelle meilleure amie. Un soir, ma mère emmena mon père pour une nuit hors de la maison. L'occasion était parfaite : *c'est ce soir*. Je préviens ma chérie. Mes parents déjà loin, je prépare ma chambre à cette occasion sacrée. Dîner aux chandelles avec pétales de rose étalés dans l'entièreté de la pièce. Je veux être le copain parfait. Bercé aux comédies romantiques étasuniennes, je veux être le Zac Efron qui traite sa prétendante comme une princesse, rendant toutes ses copines jalouses. Ma première relation amoureuse avec une femme marque le début de ma poursuite infinie d'être ce copain parfait, probablement inexistant. Ayant grandi éduqué comme une femme, je pense savoir ce qu'elles ressentent face aux hommes. Mais à 14 ans, je ne suis pas encore au courant que je performe la masculinité que j'aurais aimé voir chez un homme. Je pense encore être une fille de 14 ans, et si j'aimais les garçons, j'aimerais qu'ils se comportent d'une certaine façon avec moi. J'applique donc ce comportement avec Diane. Une telle pression pèse sur les filles et leur « première fois », un sujet qu'on aborde sans cesse avec mes meilleures copines. Il m'est donc primordial que la première fois de Diane se passe correctement, avec le niveau de symbolisme adéquat pour une telle occasion.

Je l'emmène dans ma chambre, nous dînons dans le plus grand des romantismes. Elle est si heureuse de voir l'effort que j'ai fourni pour une telle soirée. Nous savons qu'à la fin de cette nuit, nous aurons perdu nos virginités respectives. Le problème, c'est qu'aucun·e de nous n'a d'expérience en sexe lesbien. Personne n'en parle réellement, à part les mecs de ma classe qui racontent leur porno de la veille. Pas de blague avec mes copines sur qui met quoi dans quoi. J'ai même cherché un livre intitulé *Le Sexe lesbien pour les nulles*. Mais je n'ai rien trouvé. Plongé dans l'inconnu, je laisse mon corps prendre le dessus sur mon esprit pour entamer ma première relation sexuelle. Avant l'acte, je m'arrête net, je la regarde avec intensité et je lui demande : « Tu es sûre ? » Elle me répond rapidement et avec insistance « Oui, vas-y ». L'envie d'être le parfait prince charmant avait quand même réussi à m'apprendre que le consentement, c'est sexy.

***

Avec Diane, on vit une superbe relation. On s'aime fort, mais en secret. Pendant six mois, ma nouvelle vie reste inconnue de mes meilleures copines. Tous les jours à l'école, je fais semblant de rien. Je parle toujours de garçons, je fais mine d'être triste de la fin de ma relation avec Damien. Mais très vite, une boule de feu remplit mon torse. J'ai besoin d'assumer qui je suis. Je ne veux pas me cacher, garder un secret si pesant sur mon cœur. Je suis certain que j'aime les filles et je ne vois pas pourquoi je devrais faire semblant. Diane, elle, n'est pas du tout dans la même position. Elle ne pense pas être lesbienne, mais elle m'aime, moi. Ce constat va marquer le début de la fin de notre relation.

Je décide alors de faire mon coming out à mes cinq meilleures copines. Je leur dis : « Je suis amoureux. » Elles, super excitées par cette nouvelle : « C'est qui ? Il est beau ? Il s'appelle comment ? » Ce à quoi je réponds sans trop de difficulté : « Diane, c'est une fille. » Mes amies n'ont pas fait trop de vagues par rapport à cette nouvelle. Néanmoins, nos rapports s'étaient légèrement altérés ; j'étais désormais perçu comme un potentiel prétendant. À cet âge, se sentir désiré était essentiel pour ces filles. Certaines voulaient que je les trouve belles et sexy, et cela ne faisait aucun doute : elles étaient toutes absolument magnifiques. Elles sont restées bienveillantes, curieuses, et souhaitaient rencontrer Diane. Dans ce village où tout me semblait profondément hostile, elles étaient comme une bouffée d'air dans un ascenseur bloqué depuis des décennies.

Je ne connaissais absolument personne de LGBTQIA+. Pas un seul drapeau affiché dans mon école, pas d'association, pas d'adulte responsable auprès de qui je pouvais aller chercher de l'aide. Un jour, une éducatrice sexuelle vient dans notre classe. Je réalise que c'est l'opportunité de ma vie. Elle saura sûrement m'aider ! Elle propose un exercice : questions anonymes par groupe. On se met avec mes copines et elles me laissent monopoliser le petit bout de papier. J'écris avec mon stylo rempli d'espoir : *comment réagir à des insultes homophobes ?*

L'éducatrice lit ces mots d'une voix rauque devant toute la classe. À peine entame-t-elle le mot *homophobe* qu'un rire gêné colonise ma question salvatrice. Les yeux remplis de dédain fixés sur la classe, elle répond : « Je sais pas, tu lui demandes s'il a fini. »

Des rires unanimes retentissent dans toute la salle et me rendent sourd. Victor, le détracteur de pédés professionnel, ajoute : « On a un pédé dans la classe. » L'éducatrice rigole et passe à la question suivante.

Ce jour-là, j'ai voulu m'enterrer. Les murs de la classe semblaient se resserrer progressivement pour venir m'écraser. Mes amies me regardaient les yeux emplis de gêne et de pitié.

Tous ces événements sont en train d'arroser un terrain fertile de haine de soi. Je me sens anormal, en dehors, bizarre, malade. Cette haine commence à animer mon corps et je me transforme en boule de feu. Une rage infiltre mes vaisseaux pour ne plus jamais les quitter. J'ai besoin de frapper quelque chose. Je ne trouve rien de mieux que de frapper mon miroir d'un grand coup de poing. Le miroir se brise et me fend la phalange. Ça pisse le sang. Je me saisis du rouleau de scotch carrossier posé sur mon bureau. Je recouvre ma blessure de bouts de plastique collant et m'en vais à l'école, tête haute, prêt à affronter la suite. C'est la première blessure physique de ma longue guerre idéologique. Même si c'est moi-même qui me la suis infligée, c'est le rejet sociétal qui m'a enfoncé la main dans ce miroir.

PREMIER COMING OUT

Tous les mardis, mercredis et jeudis, mon père m'amène en voiture à mon entraînement de basket. Pendant l'un de ces trajets, il aborde ma relation avec Diane de façon très détendue : « Dis, tu passes quand même beaucoup de temps avec cette Diane et tu ne parles que d'elle. On dirait presque que tu es amoureux. »

Mon cœur s'arrête, ma respiration se coupe net, mes yeux se fixent droit sur le pare-brise.

« Non, mais pas du tout, papa, qu'est-ce que tu dis ? je lui réponds avec un petit rire jaune.

— Tu sais, si c'est le cas, ta mère et moi, on s'en fiche, on veut juste que tu sois heureux. »

Une goutte d'eau éclate sur mon torse et vient étouffer la boule de feu qui s'y trouvait. Mes yeux restent cloués au pare-brise et ma bouche scellée pendant le reste du trajet. Mais un sentiment de légèreté s'empare de chaque membre de mon corps.

Quelques jours plus tard, ma mère m'amène en voiture chez Diane. Il a été convenu qu'elle revienne me chercher plus tard. Je suis heureux de retrouver ma douce, qui m'accueille chez elle un jour où ses parents sont absents. À l'heure dite, j'aperçois ma mère figée dans sa voiture, les roues enfoncées dans le goudron chauffé par le soleil. J'ouvre la portière, mon ventre rempli de papillons après un après-midi insufflé d'un amour puissant. Je sens le regard de ma mère se déposer sur mon cou, qui n'a plus la même apparence que quelques heures auparavant. Il est couvert de petites marques roses et violettes ; ma peau marque comme une pêche.

> Ici se concrétise la souffrance liée à mon identité, qui sort de la norme cisgenre hétérosexuelle. Pour l'instant, je suis « juste » lesbienne. Le rejet sociétal de mon orientation sexuelle arrive tout de même à isoler et à blesser un adolescent de 14 ans. Tu remarqueras que ce n'est pas le fait d'être lesbienne qui a apporté de la douleur dans ma vie, mais bien l'accueil de cette nouvelle par autrui.

Le trajet retour est silencieux. Ma mère a les yeux rivés sur le pare-brise. Moi, je ne conscientise pas encore que, dans la tête de ma mère, une seule phrase tourne en boucle : « Mais si je l'ai déposé et récupéré chez Diane, ça ne peut être qu'elle qui lui a fait ces suçons. »

En arrivant à la maison, je suis soulagé de voir que mes parents ont des invité·es pour le repas du soir. Je remarque que ma sœur aînée n'est pas présente. Charlotte a toujours été mon acolyte face à l'éducation donnée par nos parents. Nous étions comme des associé·es dans un business foireux : peu importe qui était sur le banc des accusés, l'autre jouait toujours l'avocat de la défense, sans même connaître les accusations. Petit, je l'aidais à camoufler ses sorties alcoolisées ou ses amoureux qui venaient toquer à sa fenêtre. Elle, elle s'assurait que mes fréquentations soient bonnes et mes conneries pas trop excessives. Charlotte, c'est mon bouclier invisible. Elle me protège des éclats de la vie, sans jamais porter de jugement sur mes activités. Petite, elle avait souvent la tête nichée dans les nuages. Ses longs cheveux blonds enveloppent son doux visage lissé par des soins de peau strictement organisés. Évidemment, c'est la première à savoir que Diane n'est pas juste ma nouvelle meilleure amie. Depuis quelques mois, elle m'encourage à en informer nos parents. Elle m'apaise en m'assurant de sa présence, de sa défense, qu'elle sera la meilleure avocate, qu'elle sera le liant entre nos deux mondes.

Dîner formel, bon vin et raclette montagnarde. La chaleur du fromage grillé rougit mes joues. Son odeur incruste mon tee-shirt. Entre deux rires d'adultes, un invité me pose une question qui me glace instantanément le sang : « C'est quoi, ces suçons ? »

Je reste muet, je pensais pouvoir garder mon secret encore quelque temps.

« C'est une fille ou un garçon qui te les a faits ? » ajoute l'invité face à mon silence.

Ma *lesbienne vibe* devait percer les yeux de tout le monde sauf ceux de mes parents. La goutte d'eau qui s'était installée dans mon torse se fait renverser par de lourdes flammes. Une perle de transpiration apparaît sur mon front et je réponds timidement : « Euh, un garçon. »

Le repas reprend son cours comme si une avalanche ne venait pas de m'ensevelir six pieds sous terre. Je m'éclipse de la table et je cours dans la salle de bains. Je plonge mes mains dans les trousses de maquillage de ma sœur, désespéré, à la recherche d'un outil pour cacher ces suçons qui sont en train de ruiner ma vie. Je trouve une poudre brunâtre avec laquelle je me tartine le cou. Les dissimuler effacera peut-être les quinze dernières minutes de ma vie.

Les invité·es partent enfin. Je cours m'enfermer dans ma chambre. Je me pense à l'abri, jusqu'à ce que j'entende mon prénom retentir dans la maison, suivi d'un : « Léoooooon, viens ici ! » Flashback de ma vie en une demi-seconde. Je me mets en mode guerrier. C'est la première bataille d'un long affrontement familial qui va durer jusqu'à mon coming out transgenre. Mais ça, je ne le sais pas encore.

Je descends l'escalier, le cœur lourd et enflammé. J'arrive dans le salon, mes parents sont assis sur le canapé, si tendus que leurs os semblent sur le point de transpercer le tissu de leurs fauteuils verts moches. Mon père lance la première offensive : « Qui t'a fait ces suçons ? »

Je reste silencieux, les yeux rivés droit devant moi. Ma mère enchaîne : « Tu revois Damien ? »

Face à ce déni majestueux de ma mère, je ne peux que m'insurger : « Mais non ! » je crie en protestation.

Mon père pose la question fatidique : « Mais alors, c'est Diane qui te les a faits ? »

Silence. Je laisse cette question résonner dans le salon. Elle reste en suspension, comme une bulle de savon prête à éclater. C'est mon hochement de tête affirmatif qui l'explosera, laissant retentir les cris stridents et l'exaspération de mes deux parents.

La suite de la conversation ressemble aux films clichés qui racontent l'histoire d'un·e homosexuel·le rejeté·e par sa famille. Pleurs de ma mère, savon de mon père. J'ai droit à toutes les phrases stéréotypées : « C'est le pire choix que tu as fait de ta vie », « Tu es trop jeune pour le savoir », « Ce n'est qu'une phase », « Qui t'a influencé ? C'est à cause de cette Diane et du basket ? » Ces phrases rebondissent sur ma peau rougie par les larmes qui coulent à flots. Je sens mon cœur s'écorcher à chacun de leurs mots, emportant avec eux mon estime de moi. Tout résonne comme un typhon dans mon oreille jusqu'à ce que mon père sorte : « C'est la pire chose qui me soit arrivée depuis la mort de Thomas. » Ce à quoi ma mère ajoute : « Oui, pour moi aussi. »

Cette phrase me hantera toute ma vie. Plongé dans la culpabilité d'avoir déçu des parents endeuillés, j'ai l'impression *d'avoir fait* une chose terrible, alors que je suis juste tombé amoureux. On est censé·e souhaiter l'amour pour ses enfants. Mais apparemment, il faut qu'il apparaisse dans un certain cadre : celui qui est majoritaire dans la société, l'amour hétérosexuel, celui entre une fille et un garçon.

Je n'ai toujours pas dit un mot, mes larmes parlent à ma place. Le cauchemar ne se termine pas avec cette phrase, il ne fait que commencer. Mon père appelle ma sœur, qu'il sermonne pour ne pas avoir partagé mon secret avec lui. Ma sœur est désemparée de ne pas être là pour protéger son petit frère des peurs de nos parents. Mes géniteur·ices confisquent mon téléphone, pour que je ne puisse plus communiquer avec ma chérie, elle qui m'a apparemment converti aux femmes.

Mon premier coming out se clôt par l'affirmation suivante : « Avant tes 18 ans, c'est nous qui décidons. Il est hors de question que tu fasses ça. »

Ironiquement, le lendemain, nous assistons au mariage de deux lesbiennes, amies de la famille. À cette fête, j'ai envie de crier en pointant du doigt mes parents : « Ils ne devraient pas être là, ils n'aiment pas les homosexuel·les, aidez-moi ! » Je me sens comme un prisonnier de guerre entouré de mes allié·es sans pouvoir crier à l'aide. Ma sœur me rejoint et me prend aussitôt dans ses bras. Mon menton dans le creux de son épaule, les larmes resurgissent dans mes yeux pour venir mouiller sa robe. Elle s'arrange pour que l'on s'éclipse aux toilettes, hors de la vue de mes parents. En sécurité, elle me tend son téléphone. Diane est au bout du fil. J'ai le temps d'échanger deux mots avec elle avant que mon père ne découvre nos manigances. Furieux, il m'arrache le téléphone des mains. Je n'ai même pas le temps de rassurer ma chérie, de lui dire que je vais ressortir plus fort de cette épreuve et que, de toute façon, rien ne pourrait nuire à mon amour pour elle.

***

Aux parents qui me lisent, sachez qu'aucune réaction ne saura déjouer l'identité de votre enfant. Ce n'est pas en réagissant fort que votre gosse ne sera plus LGBTQIA+. Une réaction de ce type n'est que créatrice de fossés.

Cet accueil parental de mon homosexualité m'a laissé seul. À 14 ans, je devais affronter un monde profondément homophobe au sein d'une famille nourrie au même régime.

Deux jours après mon coming out, je partais en voyage d'études avec toute ma classe. Classe dans laquelle seules mes cinq meilleures amies étaient censées être au courant de mon attirance pour les filles. Le matin du départ, j'arrive avec deux plaques rouges à la place des pommettes, résultat de mes pleurs continus des derniers jours.

Très vite, je comprends que je n'aurai plus jamais de répit. Le monde n'est qu'hostile pour les gens comme moi : une de mes amies m'a trahi. Elle a trouvé adéquat de balancer à toute la classe que j'étais lesbienne. À 14 ans, je perds l'innocence enfantine et débute la bataille d'une vie : je n'appartiens plus à la masse de jeunes, je suis LA lesbienne. Mon anonymat dans la confortable masse grise des gens est terminé. Je découvre que mon plus grand secret a déjà bien voyagé. Les chuchotements de mes camarades de classe retentissent à chacune de mes interactions : « C'est la lesbienne » ou « Il lèche des chattes ». Je me rends compte que je vais passer une semaine enfermé avec des détracteurs de lesbiennes. Un week-end d'homophobie parentale n'a apparemment pas suffi. J'enchaîne avec une semaine de dégoût de mes camarades de classe projeté sur mon corps d'enfant.

LES JEUX OLYMPIQUES DE LA MASCULINITÉ TOXIQUE

Cette rencontre avec l'homophobie me pousse à une prise de conscience : je n'ai plus le choix, je dois m'assumer et être fier d'être lesbienne. Soit je me lance dans une guerre idéologique, soit j'accepte d'être rejeté et harcelé sans rien dire. Je choisis de me battre. Alors, avant de me faire traiter par les autres de *gouine*, de *queer*, de *pédé* ou de *travelo*, je vais le faire moi-même et m'autoproclamer GROSSE GOUINE. Et ainsi reprendre le pouvoir sur les définitions de mon être. C'est la raison pour laquelle les mouvements LGBTQIA+ utilisent ces mots qui sont initialement des insultes visant à nous dévaloriser. *Queer* signifie « bizarre » en anglais. Aujourd'hui, *queer* est employé pour regrouper les personnes LGBTQIA+. C'est un terme politique, qui s'accompagne souvent de revendications et de militantisme. C'est pour cela que seules les personnes concernées peuvent utiliser certains termes. Par exemple, certains mecs gays vont s'autoproclamer *pédés*, car ils se sont fait insulter avec ce terme toute leur vie. L'utiliser eux-mêmes est une reprise du pouvoir sur ces insultes. Mais une personne qui n'est pas *pédé* ne devrait pas l'employer. Cela reviendrait à perpétuer la tradition d'insultes qu'ils subissent depuis qu'ils sont petits. Ça marche avec tous les termes offensants, exactement comme le *N-word*. Seul·es les Noir·es peuvent l'utiliser, car l'employer en tant que Blanc·he perpétue les insultes reçues par ces communautés historiquement et quotidiennement.

Le retour à la maison est teinté d'une solitude extrême. Je n'ai personne vers qui me tourner pour me guider dans cette nouvelle vie où j'incarne un monstre. C'est pour cette raison que la représentation, la visibilité des personnes *queer* est cruciale. Si j'avais grandi avec des séries ou des films où les personnages LGBTQIA+ faisaient partie intégrante du script, je ne me serais peut-être pas senti aussi monstrueux.

Jusqu'à la fin de l'année scolaire, j'ai droit à plusieurs mois dans une école où de nombreux bruits sur mon orientation sexuelle inondent les couloirs. J'apprends que même les mamans du village s'appellent mutuellement pour s'annoncer la nouvelle : « Il paraît que la fille Chappuis est lesbienne. » J'ai 15 ans et j'entre au lycée marqué par une ostracisation familiale et sociale.

Je ne parle plus avec mes parents. Je vis chez eux, mais je suis seul. Mon père me regarde à peine dans les yeux et ma mère m'évite. Ils essaient vainement de m'encadrer le plus possible pour empêcher que je ne voie Diane ou que je me rende au basket. Je dois rentrer à la maison directement après l'école et je n'ai pas le droit de sortir. Quand j'arrive chez moi, je cours dans ma chambre et je m'enferme.

Mon père crie : « LA PORTE ! » Comme mesure de sécurité, il a décidé que ma porte doit impérativement rester ouverte en tout temps. Je refuse cette règle injuste. Tous les mots qu'on échange à cette période ne sont qu'hostilité. Après une dispute terrible, ma sœur vient faire la médiatrice. « Tu sais, ce serait peut-être bien que tu ailles voir un psy. » MOI ? UN PSY ? MAIS C'EST EUX QUI SONT COMPLÈTEMENT MALADES, PAS MOI ! Cette idée m'insurge au plus profond de mon âme. Je ne suis pas malade, OK ? Je refuse fermement. Alors qu'intimement, on a réussi à me faire croire que j'étais peut-être un peu malade. Mais au combat, il faut garder la face.

Les disputes ne s'arrêtent jamais. Mes interactions avec mes parents ne sont qu'un bras de fer interminable. Un soir, je claque la porte de ma chambre en protestation. Mon père arrive en furie : « Je t'ai dit de ne pas la fermer ! » Il m'attrape par les épaules, je proteste en le poussant violemment. Il riposte en me jetant sur le lit. Ma mère arrive en catastrophe : « Arrêtez ! » Notre bagarre cesse là. Tous les deux stupéfaits par la rage qui nous a submergés. La sienne vient du sentiment de protection qu'un père peut avoir pour sa fille. Il est convaincu que je me mets en danger par mon orientation sexuelle et ça le met hors de lui. La mienne résulte du rejet en bloc de mon identité par mes parents et la société. Ma situation au sein de notre foyer n'est plus viable. Je suis à la recherche d'un peu de répit, alors je me barre. On m'a poussé à bout, on me rejette constamment, on me fait comprendre que tout ce que je suis est *faux, dangereux, à bannir*. Je prends mes affaires et je quitte le nid plus si douillet qu'avaient créé mes parents. Ils me regardent partir avec inquiétude, mais ils me laissent partir. J'ai 15 ans, je suis dehors, seul avec ma différence. Sans le conscientiser, je me retrouve dans le bus, direction chez ma grand-mère suédoise. En Suède, les questions LGBTQIA+ sont bien plus acceptées qu'en Suisse traditionnelle. Mormor* a 70 ans et que je sois lesbienne ne pourrait pas l'indifférer davantage. Son maigre corps sportif est habité par une joie de vivre sans rupture de stock. Elle est coquette, toujours habillée dans un style chic bourgeois, mais tout en restant modeste. Ses cheveux forment une magnifique sphère bouclée, qu'elle brosse d'un mouvement brusque de l'avant vers l'arrière

* « Grand-maman » en suédois.

à l'aide du même peigne acheté il y a probablement plus de trente ans. Marquée par une jeunesse folle et réussie, sa voix est grave et glamour. Son accent suédois lui donne un air de grande dame noble et son rire remplit les lieux qu'elle fréquente. Elle m'offre une clé de son appartement en centre-ville. Je vis ces quelques mois hors du foyer comme une période de repos, où le seul pour me détester est moi-même. Je me construis, je regarde *The L Word*, la seule série lesbienne qui existe à l'époque. Je retourne au basket et j'y rencontre d'autres lesbiennes, plus âgées, qui sauront m'apporter un peu d'assistance pendant cette période cruciale. Je m'affirme et je deviens militant sans concession pour les droits LGBTQIA+.

Au bout de quelques mois, mes parents me demandent de revenir. J'accepte en espérant que mon départ ait agi comme le miroir d'un échec de leur parentalité protectrice. De retour dans mon village sans diversité, je retrouve une maison familiale qui redevient vivable.

Malgré tout, ma sœur revient à la charge avec cette idée de psy, mais elle me rassure en me disant que nos parents et elle viendraient aussi. Une chouette sortie en famille. J'accepte, car même si je comprends bien être la raison de ce rendez-vous médical, tout le monde y passe donc tout le monde est malade.

On pousse une porte blanche pour arriver dans une salle où trône un vieux bureau. Dessus sont exposés des photos et des dessins d'enfants, donnant un côté rassurant à ce rendez-vous si menaçant. En arc de cercle, chacun·e dispose d'une chaise en bois, inconfortable. En face de nous se trouve le Dr Boris, un homme d'une soixantaine d'années, portant de grosses lunettes posées sur un visage enrichi par une splendide barbe blanche. Directement, je me dis : *merde, il est vieux, il est probablement homophobe*. C'est reparti pour un énième trauma.

Face à nous, aligné·es en silence devant lui, il commence la séance en demandant à ma mère la raison de notre venue dans son cabinet. Elle tourne autour du pot, me lançant des regards, sans lui répondre explicitement. Insatisfait, Dr Boris déplace son attention sur mon père. Incapable de prononcer le mot lesbienne, gay ou homo, il décrit un « problème de communication familiale ». Le psy passe ensuite la balle à ma sœur, qui résume les paroles de mes parents, sans expliciter le « problème ». Dr Boris fixe ses yeux bleus perçants sur les miens : « On dirait que c'est vous, le problème. » Mes yeux, qui soutiennent son regard, se remplissent d'eau et explosent. Je ne sais que faire à part pleurer. Des torrents jusqu'ici retenus pour sauver la face au combat. J'avais enfoui tellement de douleur devant le rejet de mes parents, mais aussi accumulé un doux mélange de peur et de solitude ces derniers mois. Mes ischions grincent contre le bois rigide de la chaise.

« Je suis lesbienne. »

À ma grande surprise, Dr Boris est spécialisé dans les questions LGBTQIA+, ce qu'ignoraient mes parents. Il décrit mon coming out lesbien comme une douche froide : c'est un choc pour des parents étrangers aux questions LGBTQIA+, mais au bout du compte, il y a plus de peur que de mal. Il nous explique qu'une fois renseigné·e sur ces sujets, on comprend que son enfant est le même et que sa vie amoureuse lui appartient. Mes ischions ne grincent plus, comme si le bois s'était ramolli. Il a rappelé mes parents à l'ordre et m'a pris sous son aile. J'ai continué nos rencontres pendant deux ans. À la fin de cette première séance, il m'avait demandé mon téléphone pour y enregistrer son numéro privé. Je pouvais l'appeler à n'importe quelle heure du jour ou de la nuit, par mesure de sécurité. J'ai adoré Dr Boris, il m'a offert la première assurance de la part d'un adulte que je n'étais pas malade. Un adulte qui a dit à d'autres adultes, mes parents, que leur enfant avait besoin de soutien et d'amour, pas de réprimandes.

***

Au lycée commence ma conquête du monde cis-hétérosexuel. J'étais lesbienne et fier de l'être. J'avais rompu avec Diane, car elle n'était pas lesbienne et je refusais de me cacher. J'étudiais dans le lycée le plus proche de ma campagne. À mon grand désespoir, j'ai retrouvé une grande partie de mes ancien·nes camarades de classe qui susurraient « il lèche des chattes » à chacun de mes passages dans les couloirs. Fier d'être gouine, je portais autour du cou une plaque d'identité militaire avec mon prénom gravé. Chaque jour était un combat. Chaque jour, je perdais.

J'ai rencontré Laura. Une autre fille que le lycée traitait de grosse lesbienne. Ces rumeurs m'ont poussé vers elle et nous avons entamé une relation. La plupart du temps, on ne se cachait pas. On s'embrassait et on se tenait la main dans les couloirs, comme tous les couples hétérosexuels du lycée. Mais notre amour ne passait pas inaperçu. Les mecs du lycée ne pouvaient pas s'empêcher de voir en notre union une incitation à l'excitation qui leur serait destinée. Ils nous criaient : « C'est comme dans le porno ici ! » Certains nous menaçaient : « Les filles, venez, on fait un plan à trois, je vais vous apprendre, moi. »

Pendant un mois complet, nous n'avons plus osé nous tenir la main. Mais notre courage a fini par réapparaître et réunir nos mains dans les couloirs mornes de notre lycée. Très vite, un nouveau groupe de mecs s'est mis à nous suivre. On les entendait : « C'est les goudous, elles se lèchent », accompagné de bruitages prouvant que la seule chose qu'ils avaient déjà léchée était une glace.

L'espace public était devenu le théâtre d'agressions lesbophobes constantes. On devait choisir entre se tenir la main et subir des violences ou se cacher et passer inaperçu·es dans la masse grise de gens. Les mecs s'arrêtaient pour prendre des photos de nous, nous demander du sexe ou nos numéros. Les filles nous giflaient d'un regard dégoûté.

J'ai commencé à traîner avec un groupe composé exclusivement de mecs, un vrai *boys club*. Des mecs qui trouvaient cool d'avoir une pote lesbienne plutôt jolie. L'un d'eux venait du même village que moi, on avait fait toute notre scolarité ensemble. Le premier jour du lycée, il me demande si ces rumeurs sur ma sexualité sont véridiques. Je lui dis que oui, il répond par un seul mot : « Cool. » Pas de drama, pas de différence de traitement. Je suis plus que satisfait de son approche. Ces mecs m'offrent un terrain de jeu pour expérimenter ma masculinité. Je me sens presque comme l'un des leurs, jusqu'à ce qu'un des gars cherche à me caser avec un autre de la bande : « Ça serait drôle si tu chopais Pierre, non ? »

J'avais envie de crier « C'est pas drôle, mec ! ». J'avais envie qu'ils me traitent comme les autres gars, pas comme une meuf qu'il faut mettre dans un lit. D'ailleurs, ils adoraient me rappeler que j'étais « toujours puceau », n'ayant jamais couché avec un mec. Sûrement une façon sournoise de se rassurer sur leur propre virginité, qui menaçait dangereusement leur masculinité. Le sexe lesbien n'était pas du *vrai sexe* à leurs yeux, car il n'y avait ni pénis ni pénétration.

J'ai continué à m'intégrer dans ce groupe. Mon être profond transpirait l'envie d'être perçu comme un garçon. Petit à petit, ils m'offraient des bulles temporelles où j'avais l'impression d'être vraiment des leurs. Lors de ces instants magiques, ils me traitaient comme le mec que j'étais. C'était une parenthèse dans ma vie de fille. C'était une petite inspiration d'air frais dans un monde sous-marin. Malheureusement, ces moments ne duraient jamais très longtemps. Ma bulle percée par de douloureuses piqûres de rappel.

« Lui, il a mal parlé de ma meuf, venez, les gars, on va l'allumer, dit Mathieu.

— Ouais, grave, comment il a pu oser dire ça ? On y va ! je renchéris, enragé d'entendre de telles paroles sur une fille.

— Ah non, toi, tu restes là. C'est pas pour toi ce genre de moment, t'as aucune chance et tu vas te blesser. »

Ces quelques mots agissent comme une batte de baseball sur une porte vitrée. Ils détruisent ma façade, me laissant nu, envahi par l'impression d'être la parodie de moi-même. D'un coup je réalise que tout le monde est gêné par ma performance masculine qui ne colle pas à mon enveloppe corporelle.

« J'en peux plus que tu traînes avec ces gars, on dirait que tu veux être un mec, c'est repoussant. T'es pas ce type de *freak* ou bien ? » me dit mon amoureuse avec dégoût.

C'est la première fois qu'un humain exprime à voix haute ce que je ressens tout bas.

Je remarque que mon entourage se questionne sur ma qualité de fille. Grâce à mes manigances, un des mecs de mon *boys club*, Jean, sort avec ma meilleure amie, Soraya. Une femme d'une beauté éblouissante. Sa féminité raffinée semble glisser sur sa peau. Sa légèreté s'apparente à un tissu de soie flottant dans un vent chaud. Sa finesse d'esprit meuble nos conversations sans fin ; aucun sujet ne nous est étranger. Elle a une touche de folie accessible uniquement aux privilégié·es qui la connaissent intimement. Jean est également d'une beauté tranchante. En plus de sa taille, l'entièreté de son corps semble avoir été dessiné d'un crayon bien aiguisé. Il a un goût inépuisable pour la vie et le bon temps, son sourire ne s'affranchit que rarement de son visage carré. Jean fait partie des gars qui me traitent comme leur égal, comme leur bro. Tous les jeudis, on se retrouve dans un bar sportif de la ville pour boire deux pintes et manger des cacahuètes. Il a une masculinité si conforme aux normes qu'on dirait qu'il suit machinalement le script prévu, tout en restant naturel. C'est beau et rassurant. Ensemble, on organise l'anniversaire de Soraya. Une sorte de compétition masculine s'installe entre nous :

« T'as accroché seulement trois guirlandes en deux heures ? J'en ai suspendu au moins dix, dis-je avec un sourire narquois.

— Mais n'importe quoi, j'ai gonflé cinquante ballons et préparé le cocktail pendant que tu accrochais de minables guirlandes que personne ne va remarquer.

— Mec, j'ai acheté le gâteau, négocié avec ses parents pour qu'ils nous laissent la maison et chopé tout l'alcool. Sans moi cette fête serait pourrie », je conclus avec assurance.

Je bombe le torse, me sentant victorieux et convaincu d'être indispensable au bonheur de ma meilleure amie pour la célébration de ses 16 ans. Je suis très proche de Soraya, on se connaît depuis notre enfance, mais je reste son ami. Alors que lui, il a tout. En plus de son corps qui reflète son esprit, il reçoit l'amour de Soraya.

Jean ne me laisse pas longtemps nager dans mon petit sentiment de supériorité :

« Toi, de toute façon, t'es pas une fille, t'es pas un mec, t'es rien. »

Ses mots me frappent avec la violence d'un K.-O. technique. Guirlande à la main, mon cerveau reptilien prend le dessus et je me retrouve figé, le cœur glacé et le sentiment d'être vraiment ce type de *freak*.

Je n'éprouve pas la moindre rancœur envers Jean. À vrai dire, c'est un type assez exceptionnel. Il a réagi comme l'aurait fait n'importe quel adolescent influencé par son âge et son éducation. C'est là que réside le véritable problème : la méchanceté s'échappant des lèvres des gens ne résulte pas d'une volonté personnelle de nuire. Elle provient d'une ignorance collective face à l'innocuité de la différence. Nos sociétés ont de fâcheuses tendances à façonner les esprits à considérer toute sortie des normes, notamment de genre, comme un danger ou une menace.

Mais bon, quitte à être ce *freak*, autant l'embrasser dans sa totalité. Je décide de me couper les cheveux courts, *comme un garçon*. Je soumets ma super idée à mon *boys club*. Tous, à l'unanimité, répondent par un cri de désaccord : « Non, mais ça va pas ? Déjà que t'es lesbienne [sous-entendu : *quel gâchis*], tu ne vas pas en plus rentrer dans le stéréotype de la goudou ? » me dit Pierre. Il ajoute : « Si tu le fais, on ne traînera plus avec toi. »

Ils adoraient avoir l'addition lesbienne plutôt bonne à leur groupe pour frimer devant les autres *boys clubs*. Avoir une femme qui couche avec d'autres femmes et qui, dans leur esprit, va les inviter dans son lit un jour, est une performance qui mérite une médaille d'or aux Jeux olympiques de la masculinité toxique. Mes cheveux sont restés longs.

UNE PIÈCE DE THÉÂTRE BIEN EN PLACE

Heureusement, je rencontre un groupe de personnes LGBTQIA+ dans mon lycée. S'ils sont rassemblé·es par leurs différences, ce groupe est complètement marginalisé, à l'opposé de la popularité. Je commence à m'en rapprocher. S'y trouve un garçon trans, Kévin. Je suis fasciné, on discute un peu. Je lui pose beaucoup de questions. Il m'explique que c'est comme une maladie et que la loi l'oblige à attendre ses 25 ans pour effectuer tout type d'intervention médicale. Il a 17 ans. Il me confie souffrir énormément de cette attente et que lui sait qui il est, mais qu'il n'a pas le droit d'aller plus vite. Cet après-midi, en rentrant de l'école, je raconte à ma mère, pour l'instruire de ma découverte :

« Je connais un garçon qui était une fille avant, il veut modifier ses parties génitales.

— Ah bon ? me répond-elle.

— Oui, mais tu sais, il n'y peut rien, il est juste malade !

— Oui, c'est vrai... » acquiesce-t-elle.

Pour moi, la maladie était une justification de son droit aux interventions médicales. Tout le monde semblait s'accorder sur le fait que ce jeune homme souffrait d'une maladie et qu'il fallait le soigner. Mais depuis quand les chirurgies guérissent-elles les maladies mentales ?

Mon échappatoire se trouve dans le basket. Là, toutes les féminités sont admises. Mais surtout, la masculinité chez les filles n'est pas à bannir. Alors la mienne ne sort pas trop du lot. D'autres dynamiques de pouvoir sont à l'œuvre dans une équipe de femmes. Les plus masculines sont respectées, admirées, et non lynchées comme partout ailleurs dans la société. C'est au basket que j'ai eu l'espace d'explorer mon identité. Je suis devenu capitaine de l'équipe et *top scorer* suisse des moins de 19 ans. Mon coach ne m'appelait jamais par mon prénom, mais uniquement par mon nom de famille : « Chappuis, dix pompes ! » Qu'est-ce que j'aimais ça ! Il me surnommait aussi « l'homo-plate » : la lesbienne plate, sans formes. Sans trop de surprise, cela me touchait très peu, ça m'allait bien d'être plat.

J'ai rompu avec Laura, car au basket, il y avait beaucoup de filles qui me plaisaient. C'était mon paradis lesbien. Autour de mes 17 ans, la construction de mon identité d'homme était déjà bien à l'œuvre. Inconsciemment, je cherchais à remplir tous les clichés du *quarterback* du lycée étasunien. Dans la culture populaire, les hommes les plus choyés étaient les hommes à femmes, les dons Juans, les *bad boys*. Alors, à ma façon, je reproduisais ces images-là, mais exclusivement au basket, faute de pouvoir le faire au sein de la masse grise des gens de mon lycée.

> À l'instar de ce qu'écrivit Simone de Beauvoir, *on ne naît pas homme, on le devient*. Ce ne sont pas tes parties génitales qui font de toi un homme ou une femme, mais la construction d'une telle identité. Ça ne veut pas dire que les catégories « homme » et « femme » n'existent pas. Les nier impliquerait une totale abstraction de la nature genrée des sociétés actuelles.
>
> C'est dans cet esprit qu'on parle de construction sociale du genre. Cette construction n'appartient pas seulement aux personnes trans. Certes, moi, j'ai construit l'entièreté de mon identité d'homme via l'image que j'avais d'eux. Une image construite par la culture populaire, mais aussi par les hommes qui m'entouraient. On pourrait dire que je suis la réverbération des autres hommes. Mais toi, tu as aussi construit ton identité d'homme ou de femme en t'inspirant de ces images. Petit·e, on t'a appris ce que les filles faisaient et ce que les garçons ne faisaient pas.
>
> Les réalités biologiques existent. Il y a des organes génitaux différents, avec des taux d'hormones différents. Mais les personnalités et les comportements qu'on attache à ces organes sont une performance. Une performance bien en place et qui colle à la plupart des gens. Mais une pièce de théâtre quand même.

En tant qu'acteur dans cette grande pièce, je m'efforçais de coller le plus possible au rôle de l'homme. Une de ses caractéristiques est la prouesse sexuelle. Le plus d'aventures j'avais, le plus homme j'étais. C'était assez facile de rencontrer des lesbiennes au basket. Toute la période de drague me plaisait énormément. J'avais l'impression d'être entreprenant, charmeur et vraiment homme. Mais l'arrivée de l'acte sexuel ne mettait pas un terme à ma performance. Toute l'attention était concentrée sur ma partenaire. Si elle désirait me toucher, je sortais de mon corps. Je n'ai jamais eu d'orgasme avec une partenaire jusqu'à ce que je réalise que j'étais un mec. Pas une seule fois. En revanche, j'ai beaucoup simulé. Car mes expériences sexuelles étaient transpercées par la volonté d'être le mec parfait au lit, mais aussi d'être un bon coup en tant que meuf. J'étais perdu entre tous ces rôles d'une pièce qui ne m'avait pas prévu dans son scénario. Contrairement aux expériences sexuelles de mes amies filles, coucher ne nuisait pas à ma valeur. Mes amies, elles, faisaient très attention à limiter le nombre de mecs qui avait accès à leur intimité, car le mot « pute » glissait bien trop vite de la bouche de ces mêmes mecs. Quand tu couches avec des filles, peu importe ton genre, leur nombre dans ton lit ne fait qu'augmenter ta valeur. Un concept qui me paraissait déjà curieux à cet âge. Pourquoi les mecs se plaignaient sans cesse de la difficulté d'accéder aux culottes des filles tout en méprisant celles qui acceptaient de les baisser ?

UN VOYAGE EN QUATRE DIMENSIONS

Avec assez d'argent en poche, je m'en vais tout seul au Népal. J'ai 19 ans. J'espère que dans des contrées éloignées de chez moi, je me rencontrerai peut-être. À la place, j'y rencontre Gloria. Une Californienne également en voyage. Dès que mes yeux se posent sur elle, je suis frappé par un désir tranchant. Ses longs cheveux noirs coulent abondamment le long de sa petite tête ronde pour lui arriver au bas du dos. Ils sont d'une épaisseur infinie. Un piercing diamanté brille sur sa narine gauche. Elle a une âme forte, monopolisant l'attention de toute personne fréquentant son espace. J'arrive difficilement à décoller mes yeux d'elle. Des milliers de questions phagocytent mon esprit instantanément, et notamment : montre-t-elle des signes de lesbianisme ? En général, je cherchais des marques de masculinité chez une fille pour m'aiguiller dans ma quête. Comment lui faire part de mon attirance sans risquer un trop gros rejet et une honte colossale ? L'idée de draguer une fille qui serait profondément lesbophobe me terrorisait. En discutant, je comprends que Gloria est hétéro, évidemment. C'est typiquement le genre de femme que je pensais trop belle, trop spéciale, trop désirable aux yeux des mecs cis-hétéros pour qu'elle s'intéresse à moi, qui ait l'air d'une fille. Mais je tente ma chance. Après tout, je suis au Népal, loin de l'homophobie de mes proches et de mon cercle social. Je suis seul et je n'ai rien à perdre à lui faire part de mon attirance. Je l'invite à manger. On se balade dans les rues de Katmandou, perdu·es dans des discussions interminables, si profondes que le monde autour n'existe plus. Au milieu d'une rue bondée, elle s'arrête net. Elle se rend compte qu'on se tient par le bras, qu'on est très proches. Elle me dit : « C'est fou, je me sens en sécurité avec toi, je me sens protégée. »

Une phrase comme celle-ci venait partiellement soigner ma dysphorie de genre*. C'était comme un pansement sur une plaie bien trop profonde, mais un pansement quand même.

À ce moment, je prends mon courage à deux mains et je l'embrasse. Cet instant marquera le début d'un long voyage à ses côtés. Nous découvrons une passion explosive l'un·e pour l'autre. Un désir insatiable qui transperce nos âmes.

Un après-midi, le soleil frappe nos corps d'une chaleur étourdissante. On se réfugie dans un petit salon de tatouage. Le local est très étroit. On se retrouve poussé·es l'un·e contre l'autre. Nos torses à moins de trois centimètres, nos regards s'entremêlent. La chaleur dépose des gouttes de condensation sur notre peau, la rendant luisante. Notre respiration se synchronise et le temps s'arrête. J'avais l'impression d'entendre le battement de son cœur résonner au rythme du mien. Plus rien n'existe à part nos deux corps à cet endroit précis de la planète. Je sens sa main tirer la mienne, m'emmener dans l'hôtel le plus proche. C'est sa première fois avec une fille. Nos corps sont faits pour se mélanger. Couché·es sur un lit plus qu'étroit, sa tête est posée sur mon torse.

« Tu sais Léon, si tu veux être un homme, tu peux. »

---

* « Le terme dysphorie de genre (DG) décrit le sentiment de détresse ou de souffrance qui peut être exprimé parfois par les personnes dont l'identité de genre, l'identité sexuée, ne correspond pas au sexe qui leur a été assigné à la naissance » (GHU Paris).

Yeux fixés au plafond, mon cœur s'emballe. Personne ne m'a jamais parlé de ce sujet avec un tel ton. Une tonalité de voix libre de négativité, un son doux et soutenant. Comment le sait-elle ? Moi-même je ne suis pas vraiment au courant...

« Comment ? » sort timidement de ma bouche.

« Tu sais, à San Francisco, il y en a beaucoup.

— De quoi ?

— De personnes transgenres ! Il existe des opérations et des hormones que tu peux prendre pour modifier ton apparence. Il n'y a rien de grave ou de mauvais, c'est plutôt un processus qui délivre les gens comme toi, les gens qui n'habitent pas leur corps, car il ne leur ressemble pas. »

À partir de ce moment-là, j'étais accroché à cette femme. Comment pouvais-je me séparer d'une personne si connectée à un monde que je ne connaissais pas et qui pouvait me sauver ? En la fréquentant, je me suis un peu rencontré. Et j'ai compris qu'un jour il faudrait faire face à cette terrible vérité : je ne me ressemble pas.

Elle retourne à San Francisco et moi à Lausanne. Grande mégapole nourrie par la culture *queer* versus petite ville où personne ne sait que les personnes trans existent. Je dois repartir. Je ne peux pas rester avec cette nouvelle enfouie en moi autour de personnes complètement homophobes. Déjà qu'elles sont homophobes, je n'ose imaginer ce qu'elles pensent des personnes trans. Je dois me casser, et vite.

TOUT SAUF TRANS

Malheureusement, je n'ai pas encore les moyens de quitter ma ville. Mais mes parents ont prévu un voyage en famille à Montréal. C'est une opportunité de goûter à la grande ville, qui sera sûrement remplie d'anormaux comme moi. C'est aussi une ville sur le continent américain, peut-être que Gloria pourra nous rejoindre. J'impose à ma famille la venue de ma copine étasunienne lors de nos vacances familiales. Je dois la revoir, je ne peux pas me trouver sur le même continent qu'elle sans la voir, ma survie en dépend. Arrivé à Montréal, je l'attends seul à l'aéroport. Dans la foule, une femme à la silhouette de poire glisse entre les gens pour enrouler ses bras autour de mon cou. Elle porte un *crop-top* blanc transparent laissant apparaître un piercing au téton et au nombril, ainsi que la fin d'un tatouage sur le haut du ventre. Son jean large mais taille basse dessine parfaitement ses hanches. Son avant-bras qui me serre le cou est entouré d'un serpent détaillé. Comme deux aimants, nos corps s'enlacent sans honte, hors du placard. Pas le temps de réfléchir à l'homophobie sociétale, ce que nous vivons est bien trop fort pour ça. En plus, j'avais entendu que Montréal était très LGBTQIA+ *friendly*. Nous rentrons directement à l'hôtel pour nous dévorer.

L'après-midi, nous avons rendez-vous dans le lobby avec mes parents et ma sœur. Nous les attendons assis·es sur le canapé du hall de l'hôtel. Possédé·es par le bonheur de nos retrouvailles, nous sommes proches. Elle est appuyée sur moi et on se vole quelques baisers. Je suis tellement heureux et fier d'avoir cette femme dans mes bras, que cette beauté me désire en public, sans honte, hors de ma cachette habituelle. J'entends la voix de mon père dans les escaliers de l'hôtel. Au moment de leur arrivée, le réceptionniste s'approche de nous d'un pas agressif.

« Vous ne pouvez pas faire ça dans notre hôtel », dit-il sèchement à Gloria et moi.

J'aperçois ma famille devenir rouge de honte. Ce sentiment qui avait su me quitter quelques instants revient comme un bulldozer pour détruire ma carapace de fausse lesbienne assumée et fière.

« Ceci est un hôtel respectable, il est hors de question que nos clients voient ça en arrivant », renchérit-il.

Ça, c'était de l'amour. Deux femmes qui s'aimaient librement. Ma famille s'excuse pour nous. Au vu de leur réaction, je me dis que le réceptionniste a raison, notre amour, mon identité, moi, *ça*, doivent rester enfouis dans le placard, loin des yeux de tous et toutes, car je dérange. J'ai l'impression d'être sale, dégoûtant, d'être ce monstre auquel les gens n'arrêtent pas de me renvoyer. J'aurais rêvé de protester et d'insulter ce connard homophobe. J'aurais encore plus rêvé que ma famille le fasse pour moi.

Dès le premier orteil que je pose sur le sol suisse, je sens que je dois repartir. Il est impossible pour moi de vivre comme un monstre honteux dans un espace qui me hait. Je prends le premier vol pour San Francisco : « *Babe I'm coming to see you.* » Je connais Gloria depuis très peu de temps et me voilà en train de parcourir la moitié de la planète pour la retrouver. Elle est étudiante à l'université de Davis, à une heure de San Francisco. Elle m'accueille dans sa petite chambre sur le campus où je vais passer deux semaines. L'université est remplie d'étudiant·es politiquement très engagé·es. Je rencontre des groupes *queer* radicaux, un terme que je n'avais jamais entendu avant ma venue. Ces groupes m'offrent mes premiers pas dans le monde associatif révolutionnaire. Les lesbiennes, les gays et les trans se montrent à Davis. Pas un seul couple de lesbiennes ne se prend toute l'homophobie condensée dans mon lycée. C'est plutôt cool d'être *queer* et pas cool d'être homophobe. Cette nouvelle réalité brise le sentiment de solitude dans mon anormalité, devenue normalité. Je passe mes journées à suivre Gloria dans ses cours, dans ses groupes et dans son lit.

« Viens, demain on va à San Francisco. »

À sept heures du matin, on embarque dans sa petite Golf toute rouillée. Elle m'emmène dans le quartier LGBTQIA+ de la ville. Des drapeaux colorés partout, des mecs qui s'embrassent, des drag queens sur un passage piéton. J'ai l'impression d'être un enfant à qui on fait découvrir le sucre. Dans le premier magasin de vêtements, on me refait ma garde-robe. Pas de rayon mec, pas de rayon meuf. Juste des bouts de tissus stylisés. Pas de vendeuse qui te regarde mal si tu essaies un jean de mec beaucoup trop grand pour toi. J'ai toujours rêvé de porter un jean large, c'est enfin possible. La rue suivante est un enchaînement de sex-shops. Gloria pousse une porte colorée de bleu clair, de rose clair et de blanc. Je ne savais même pas ce que ces couleurs signifiaient*. « T'as déjà essayé ça ? » me dit-elle en me tendant un *strap-on***. Timide, je lui signifie que non. La vendeuse, très décontractée, me demande si j'ai envie d'un gode plus réaliste ou fantaisiste. Gloria et la vendeuse échangent un regard complice. « On est sur une découverte identitaire, je crois que ça sera plus "réaliste" », lui répond Gloria.

On repart du magasin avec ma première bite en plastique. Le premier ajout corporel qui me guidera vers moi-même.

Le soir, on va danser dans un club *queer*. J'y trouve un ensemble de gens qui sortent de la norme, *comme moi*. C'est la première fois de ma vie que je me sens en réelle sécurité. C'est la première fois de ma vie que je me sens appartenir à un groupe, que je ne suis pas l'anormal et le bizarre. Cette rencontre avec la communauté *queer* m'a grandement soulagé. J'ai senti mon feu intérieur prendre une petite pause pour laisser place à une jolie goutte d'eau allégeant mon corps tout entier. On sort de la boîte, on rejoint notre voiture qui nous servira d'hôtel pour la nuit. Les roues de notre Golf enfoncées dans l'asphalte d'un petit parking peu fréquenté, on s'élance sur la banquette arrière. « Alors, tu veux essayer ? » me dit Gloria avec un regard charmeur et excité.

C'est la première fois que j'ai eu un orgasme en couchant avec une personne. Ma nouvelle extension corporelle m'a permis de rejoindre un espace mental où j'ai enfin pu habiter mon corps.

Aux premiers rayons de soleil, j'enfile mon pantalon large et je prends le volant pour nous emmener au Golden Gate Bridge. On s'apprête à sortir de la voiture. « Tu sais, si tu veux le garder sur toi, tu peux », me dit Gloria dans le plus grand des calmes.

Heureux d'apprendre cette nouvelle, je *pack**** pour la première fois. Je garde le *strap-on* dans mon slip et j'enfile mon pantalon large

---

* Le bleu clair, le rose clair et le blanc sont les couleurs du drapeau transgenre.

** Gode-ceinture : sextoy composé d'un gode et d'une ceinture.

*** Packer : porter une prothèse pour faire la bosse du paquet.

type *boyfriend*. On se balade tranquillement en amoureux sur le pont. C'est le matin, le soleil vient réchauffer le métal du pont refroidi par une nuit fraîche. Mon bras entoure ses épaules, je la serre contre moi. On rigole de notre nuit agglutiné·es sur la banquette arrière de sa caisse, quand un couple hétéro âgé nous arrête. Premier réflexe, je m'écarte brusquement de Gloria et je me place devant elle. *Ils ont dû comprendre que j'étais une fille avec une bite en plastique et ils sont homophobes.* Aucune autre pensée n'est présente dans mon esprit.

« Vous formez un couple magnifique, voulez-vous qu'on vous prenne en photo ? » dit l'homme avec un grand sourire.

Ces mots me semblent irréels. Mon cerveau avait imaginé toutes les possibilités d'interaction sociale avec un tel couple, mais aucune n'était si douce. Pourquoi n'ai-je pas grandi dans un endroit comme celui-ci ? Un sentiment d'injustice s'abat sur moi. Ma légèreté ne va pas durer. À la minute où je reposerai mes pieds sur le sol suisse, je serai à nouveau le marginal, le bizarre, le *queer*.

Gloria jouera un rôle très important dans mon voyage identitaire, elle soulèvera des questions qui étaient enfouies au plus profond de moi. Mais le voyage qu'elle me proposait de faire me semblait encore bien trop impossible.

« Tu veux qu'on aille voir un médecin spécialiste des personnes trans ? Il y en a beaucoup à San Francisco, peut-être que ça te ferait du bien. On y va juste pour s'informer ! »

J'ai refusé, je ne voulais pas appartenir à cette classe d'humains. Déjà, être lesbienne, c'était bien assez grave là où je vivais. Il était inimaginable que je sois une personne trans, cette idée me terrorisait. Tout ce que je savais sur les personnes trans, c'est qu'elles étaient anormales, malades mentales, dépressives et qu'elles se détestaient. *Dieu, fais que ça ne soit pas moi, je t'en supplie.*

De retour en Suisse, je retrouve Joonas, mon ami d'enfance. Une armoire à glace blonde à qui ses origines finlandaises donnent un air de Viking surpuissant. Notre amitié a elle aussi débuté par une courte histoire d'amour enfantine qui s'est métamorphosée au lycée pour devenir une bromance puissante, animée par notre amour commun des filles. Il m'a offert un nombre incalculable de moments réparateurs, où j'avais l'impression qu'il oubliait complètement mon absence de pénis. Notre amitié a toujours été celle de deux meilleurs potes, en tout cas à mes yeux. En été, il m'invite sur son île en Finlande. Une maison isolée sur une île isolée. Pas d'eau courante, pas vraiment d'électricité, mais un sauna exclusivement accessible complètement à poil. L'eau chaude grésille sur les pierres chauffant l'espace restreint, faisant transpirer nos fesses qui hydratent les vieilles lattes de bois.

« Comment ça va sexuellement avec ta copine en ce moment ? » me demande-t-il entre deux bières qu'il ouvre en enfonçant la capsule sur le bois humide.

« Mec, ça va bien. Faut que je te raconte ! On a acheté un truc, ça s'appelle un *strap-on*, c'est comme une fausse bite !

— Non, tu rigoles ? Mais c'est ouf ! »

Il verse quelques gouttes de bière sur le poêle, enivrant la pièce d'un parfum de pain fraîchement cuit.

« Ouais, mec, franchement depuis qu'on l'a, j'ai de la peine à baiser sans.

— Mais mec, en fait, tu veux vraiment une bite, toi ? »

Les gouttes de sueur glissent entre mes seins. La chaleur qu'on s'inflige alourdit mon cœur. Je suis à des années-lumière d'être prêt à partager mon plus gros secret, même avec mon meilleur ami.

« Ouais, un peu », je réponds en riant.

Le fond de ma pensée est tellement loin de son univers que même cet indice explicite ne le téléportera pas dans le mien. Le jour viendra où je serai obligé d'arrêter de lui mentir, où je tenterai de force de l'entraîner dans mon monde, mais pour l'instant, je préfère préserver nos moments de bromance, essentiels à ma survie.

UNE PAGE BLANCHE À REMPLIR

À peine de retour en Suisse, j'ai le sentiment de suffoquer. Ce que j'ai connu à San Francisco me démange trop. J'ai l'impression d'être seul au monde, je n'ai personne à qui parler de mes questions identitaires. Je ne trouve pas d'autres solutions que d'échapper à ma nouvelle vérité : je suis peut-être transgenre et c'est la merde.

Je pars tout seul en Amérique latine, à Buenos Aires. Sans téléphone, sans contact avec ma famille en Europe. Je suis dans une réelle détresse émotionnelle. Ne sachant pas qui je suis ou plutôt sachant qui je suis, mais ne voulant pas l'être. J'ai un tel sentiment de haine envers moi-même : je ne veux pas être trans !

Comme toi, j'ai grandi biberonné à la transphobie. Tout ce que j'ai dans ma tête concernant cette catégorie de personnes est négatif. Je suis en totale panique. Je passe des journées à écrire dans mon journal intime :

> *Tu n'auras jamais de pénis, tu ne seras jamais un homme, c'est impossible.*

Des pages entières recouvertes de cette phrase.

C'est ici que la *bonne* représentation est cruciale. Si j'avais eu un minimum de connaissances sur les transidentités, cela m'aurait sauvé de beaucoup de situations à risques. Je n'aurais peut-être pas souffert autant si j'avais simplement su que :

- les personnes trans sont des êtres humains remarquables, avec un droit légitime au bonheur ;

- des possibilités fiables de modifications corporelles existent, comme les hormones et les chirurgies ;

- certaines familles acceptent et soutiennent leurs enfants trans ;

- les personnes trans méritent d'être aimées, admirées, et désirées.

Si notre société – et plus particulièrement les personnes trans en questionnement – avait accès à ces vérités simples, alors peut-être que :

- le risque de suicide ne serait pas 3,5 à 8 fois plus élevé pour les personnes trans que pour la population générale* ;
- chaque année, plus de 300 personnes trans ne seraient pas assassinées dans le monde** ;
- entre 35 et 38 % des jeunes trans n'auraient pas à affronter l'expérience du sans-abrisme*** ;
- 80 % des personnes trans n'auraient pas vécu de violences dans l'espace public****.

Nous rencontrer à travers les médias, les réseaux sociaux, les films et les séries n'est pas une tentative de croisade politique de conversion au transgenrisme, mais une tentative de sauvetage au milieu d'un océan bien trop déchaîné.

***

Dans cette immense ville argentine, je sens mon intérieur bouillonner. Je suis en chantier. J'ai l'impression d'avoir fait de mon identité une page blanche, que je ne pourrai remplir qu'avec de l'encre authentique.

---

* Erlangsen, A., Jacobsen, A. L., Ranning, A., Delamare, A. L., Nordentoft, M., Frisch, M., « Transgender identity and suicide attempts and mortality in Denmark », *JAMA*, *329*(24), 2023, 2145–2153.

** Fourreau, V., « Plus de 300 personnes transgenres tuées entre octobre 2022 et septembre 2023 », Statista, 14 novembre 2023.

*** The Trevor Project, « National survey on LGBTQ youth mental health », 2021.

**** Brown, E, Debauche, A., Hamel, C., Mazuy, M. (dir.), « Violences et rapports de genre : enquête sur les violences de genre en France », Ined, 2021.

Dans une tentative de reconstruction, il me semble nécessaire de perdre ce que mes vieux potes appelaient encore ma virginité. J'ai 19 ans, je n'ai jamais été intéressé sexuellement par les hommes. J'ai déjà eu de nombreuses relations amoureuses et sexuelles avec des femmes. Mais la société me presse jusqu'à la dernière goutte pour que je vive ma « première fois ». Je n'ai pas su résister. Je me retrouve la bouche collée à celle d'un jeune homme frêle au milieu d'une boîte de nuit bondée. Que suis-je en train de faire ? J'ai l'impression de visionner la scène depuis les balcons où les gens trop timides pour danser nous observent. Comme je suis une page blanche, autant l'écrire correctement cette fois, et enfin je remplirai le rôle qui m'a été destiné dans la pièce de théâtre originelle. Comme la main invisible du capitalisme, les bras invisibles et musclés de l'hétérosexualité m'unissent de force à ce garçon.

Je quitte Buenos Aires pour rejoindre La Paz, en Bolivie. Je me déplace en autostop avec Marie, une fille incroyable que j'ai rencontrée là-bas. Deux filles qui naviguent entre les camions pour atteindre leur but indéfini. On vagabonde, on refait le monde. Muni·es d'une tente et d'un sac à dos, on quitte les camions dès que la nuit commence à tomber. On plante notre tente dans un champ ou le jardin d'une maison abandonnée pour y passer la nuit. Par ce voyage en quatre dimensions, j'essaie d'effacer celui dont j'ai réellement besoin : mon voyage identitaire. Et celui-là, il ne ressemble pas à une hippie blanche à la recherche de sensations fortes loin de chez elle.

Au bout de huit mois, je me retrouve seul à La Paz. Je n'ai pas réussi à me construire à mon image. Je remarque tristement que ma page reste blanche, toujours vide, aucune encre authentique n'y a fait surface.

Au lieu de rentrer en Suisse, je prends le premier vol pour San Francisco. Je rejoins ma chérie Gloria. Nous vivons toujours notre amour dans un certain secret, car sa famille est extrêmement homophobe. Nous devons faire très attention à l'exposition de notre amour, à ce qu'il ne déborde pas devant les yeux de n'importe qui. La plupart du temps, il doit rester bien au chaud dans le placard.

L'heure de retrouver la Suisse est venue. Je décide de m'inscrire à l'université de Genève, dans une ville assez loin d'où j'ai grandi, en me disant que ma page s'écrira peut-être là-bas.

Mon avion quitte l'aéroport tôt le matin. Gloria tourne la clé de sa Golf pourrie pour faire geindre son moteur fatigué. Nous passons nos ultimes heures ensemble, des instants que nous pensons être les derniers partagés avant un long moment ; la tristesse est palpable. L'autoroute qui relie son appartement à l'aéroport ressemble à une piste de décollage pour un Boeing 747. Impossible de compter les voitures roulant sur l'asphalte, encore épargné par les assauts du soleil de la journée. D'énormes *trucks* aux suspensions surdimensionnées roulent à 150 kilomètres-heure. Nos cœurs battent au rythme des pick-up qui nous encerclent. La larme à l'œil, je dois encore une fois me séparer de celle qui m'a le plus rapproché de ma vérité. En plus, je l'aime alors d'un amour fulgurant. Les yeux fixés sur le pare-brise, Gloria a le regard inquiet. Elle tire sans arrêt d'énormes lattes sur notre cigarette électronique. Une odeur de tabac sucré s'insère dans mes narines.

Tout à coup, le temps s'arrête. L'un de ces énormes pick-up passe de la voie quatre à la voie cinq sans vérifier si celle-ci est libre. Son coffre vient piquer le nez de notre petite Golf déjà bien mal en point. Les mains vissées sur le volant, Gloria se tourne vers moi, nos yeux s'emboîtent : « *Baby* », me dit-elle calmement. La voiture abandonne sa trajectoire. Nos vies ne sont plus entre ses mains. La perte de contrôle s'empare de nos corps à présent prisonniers d'un contenant en acier en plein tonneaux au milieu du trafic matinal san-franciscain. Notre boîte de conserve s'éclate contre la barrière centrale de l'autoroute. Mes yeux s'ouvrent, ma main tire sur la portière et mon corps s'extirpe de la carrosserie. Pieds sur l'asphalte brûlant d'une autoroute mal entretenue, je me transforme en allumette, entourée de marteaux en pleine action. Où est Gloria ? Assommée sur le siège conducteur. Je glisse par-dessus le pare-chocs pour la sortir de ce qu'il reste de notre véhicule. Quelques secondes après, une autre voiture s'encastre dans notre déchet. Explosion et feu. Il est environ sept heures du matin. Toutes les voitures sur cette autoroute ont un endroit très précis à atteindre, et rapidement. Personne ne s'arrête. Je fais des signes pour tenter de trouver de l'aide, mais je reste une allumette invisible. Finalement, la police arrive et stoppe le trafic. La première agente sur place est une femme, très *butch* et très lesbienne. On aurait dit John McClane dans *Die Hard* en pleine action. Un constat doit être effectué et la flic commence à nous poser de nombreuses questions. Au moment de donner mon prénom, Gloria m'arrête : « Tu ne peux pas », me dit-elle, le regard plein d'angoisse et l'arcade en sang. « Écoutez, il faut que vous nous aidiez », dit-elle à la policière lesbienne. « Nous sommes en couple et il vient me voir en secret. Ma famille ne peut pas être au courant qu'il est venu. Sinon, ils vont découvrir notre relation homosexuelle. S'il vous plaît, aidez-nous et ne mettez pas son prénom sur votre rapport. Je vous en supplie. De toute façon c'est moi qui conduisais, il n'a aucun rôle dans cet accident.

— Madame, ma femme et mes enfants comptent sur moi pour les nourrir. Vous voulez vraiment que je mette en jeu ma carrière pour vous ? J'ai beaucoup travaillé pour avoir ce job et je ne le mettrai jamais en danger. Concentrez-vous sur le plus important, vous êtes en vie », répond froidement la policière.

Choquée par ce manque de solidarité intracommunautaire, Gloria se trouve prise d'une panique débordante. Ses yeux se remplissent de larmes. Encore une fois, la honte vient me trouver. Le seul fait d'exister comme je suis met sa vie en danger, car sa famille n'est pas seulement conservatrice, mais activement en lutte contre l'existence des LGBTQIA+.

Cet accident m'a offert une semaine supplémentaire avec elle. Sept ultimes jours. Plus jamais nous n'allions partager de baiser, de toucher ou de regard.

ENCHANTÉ, JE M'APPELLE LÉON

De retour en Suisse, je me lance dans un cursus universitaire. Mes années d'études m'offriront un espace d'exploration et d'expression. À ma grande surprise, j'y retrouve mon amoureux d'enfance, Salomon. Le destin nous a guidés vers les mêmes études. J'y rencontre également Joséphine, ma future copine, qui m'accompagnera pendant mes trois premières années de transition.

J'ai 20 ans et je commence ma première année de bachelor*. Le jour de la rentrée, je me présente comme une jeune fille plutôt coquette, plutôt féminine : longs cheveux blonds, trait de crayon sous les yeux, gloss sur les lèvres, pantalon de costard et chemise ouverte. À chaque rentrée, j'ai toujours essayé de m'inscrire dans les bonnes cases en portant les bons habits, ceux qui correspondaient à mes parties génitales. Car oui, on assigne aux parties génitales des traits de caractère, une personnalité et même un style vestimentaire.

Mais très vite, jouer mon rôle de fille m'épuisait et je retournais à mon chignon serré et à mes habits de seconde main troués. Je n'accordais aucune importance à mon esthétique puisque, de toute façon, mon corps ne me ressemblait pas.

Je suis les cours, mais mon cœur est resté à San Francisco. J'hésite fortement à partir retrouver Gloria, qui me manque terriblement, car c'est la seule qui me connaît vraiment. Mon attachement pour elle est lié à un sentiment de sauvetage. Sa présence, sa conscience de ma réelle identité me lient à elle d'une manière malsaine. J'ai l'impression qu'elle seule peut me sauver de mon inhabitation corporelle. Au vu de notre distance physique de plusieurs milliers de kilomètres, nous nous sommes mis d'accord sur un couple ouvert. Une manière de relationner très populaire à San Francisco. Mais chaque fois que Gloria m'annonce avoir eu des relations sexuelles

* Équivalent d'une licence à l'échelle internationale.

avec des hommes, je deviens foncièrement jaloux et mal dans ma peau : *ils ont quoi de plus que moi ?* C'est la seule phrase qui retentit dans tous les membres de mon corps. Accompagnée de la réponse évidente : *une bite*.

Je ne le supportais plus et la relation s'est éteinte, pour le mieux.

***

Cette rupture me laisse le cœur brisé, à nouveau seul avec mon secret. Le déni de ma réelle identité commence à me ronger de l'intérieur. Je ne sais pas vers qui me tourner, personne autour de moi ne me paraît aussi ouvert d'esprit et informé que Gloria. Désemparé, je broie beaucoup du noir et l'envie de vivre me quitte légèrement. J'occupe une chambre chez l'habitant à Genève, chez un vieux drogué qui me fait un peu peur. Il m'a déjà fait plusieurs fois des avances tout en me demandant si je pourrais lui trouver de l'ecstasy. Je dors toujours la porte fermée à triple tour et je sors uniquement pour aller en cours. Un soir, je suis enfermé dans ma chambre, consumé par la tristesse. Je l'entends rentrer vers deux heures du matin, complètement bourré. Il crie mon morinom*. Mon cœur s'emballe, je vérifie si la porte est bien verrouillée. Je me sens comme une proie à une porte d'écart de son prédateur. Un sentiment de peur peu connu par les hommes cisgenres, cette peur de l'agression sexuelle qui me quittera seulement le jour où mon corps ne sera plus désirable par les hommes hétéros.

Il est temps de déménager. Je trouve une colocation douteuse avec un nouveau coloc douteux. Il me choisit, car il trouve super d'avoir une coloc fille et mignonne. Cette fois, j'impose mon style très tôt : je suis lesbienne et les mecs ne m'intéressent pas le moins du monde.

Je déambule dans les couloirs de l'université comme un fantôme. Je complète machinalement mon programme d'études pour rester

---

* *Deadname*, morinom : prénom assigné à la naissance.

sur les rails, mais mon petit cœur se trouve éclaté sur les voies. Ce sont les premières semaines de cours et les étudiant·es sont surexcité·es. Avec Salomon, nous sommes à la recherche d'ami·es qui ont la même vision de ces futures années universitaires : elles seront les meilleures de nos vies. Dans ma tristesse, je cherche des sensations fortes, une vie pétillante qui me donnera la force de gravir ma montagne identitaire.

Dans l'amphithéâtre de cinq cents personnes, mes yeux se posent sur une fille. Elle est seule, mais elle parle à tout le monde. Elle répond au prof de manière subtilement insolente, mais intelligente. Je me sens comme hypnotisé par son charisme, quand je me rends compte que je la connais déjà. C'est Joséphine. Quand j'avais à peine 18 ans, nous nous étions retrouvé·es à une soirée chez des ami·es en commun. Longs cheveux blonds, plus lisses que l'eau du lac ; peau luisante paraissant excessivement douce, ses lèvres toutes fines dessinent constamment un léger sourire malicieux. Ses ongles sont taillés, mais toujours peints. Elle porte de belles boucles d'oreilles argentées, scintillant au rythme de ses yeux. Mais ce qui transcendait tout le monde, c'était son charisme, sa *coolness*, tout le monde semblait graviter autour d'elle comme des atomes perdus. Elle se comportait comme si elle était reine du monde, et elle l'était. À 18 ans, j'avais déjà remarqué qu'elle n'était pas indifférente aux regards que je posais sur elle. Nous sortions en boîte de nuit, accompagnés d'un groupe d'amis. Arrivée dans la boîte, sans hésiter une seconde, elle fonçait vers le bar et volait une bouteille de champagne. Elle l'attrapait d'une main décidée et l'ouvrait sur la piste de danse. Elle versait le liquide gazeux dans son gosier avec une opulente satisfaction. Tout le groupe se battait pour échanger des moments complices avec elle, moi y compris. Je sentais qu'elle trouvait intéressant de se faire draguer par une fille, mais mes tentatives étaient constamment interrompues par des hommes. Hommes qui ne considéraient pas nos échanges comme importants. Tous les hommes étaient attirés par son énergie pétillante. Je m'étais résigné à penser qu'elle était bien trop hétéro et que, de toute façon, entouré de tous ces hommes, je n'avais aucune chance.

Mais la revoilà, dans cet amphithéâtre, toujours aussi pétillante. Je glisse à l'oreille de Salomon : « C'est elle. C'est avec elle qu'il faut qu'on soit amis. »

Nous avons donc formé un groupe de quatre : Salomon, Joséphine, Anna et moi. Tous les quatre avec la même mission : vivre des années inoubliables. Et c'est ce que nous avons fait. Au départ, nous sommes les meilleurs potes du monde. Nous enchaînons un nombre incalculable de soirées dansantes et arrosées, à débattre sur nos visions du monde. Rapidement, une attraction forte se développe entre nous. Il nous arrive souvent de nous embrasser en soirée, d'échanger des regards séducteurs. Mais un soir, ces jeux prennent une nouvelle tournure. Lors d'une soirée étudiante organisée par notre fac, je croise une fille connue pour être lesbienne, et elle commence à me draguer. Joséphine ne le supporte pas. Elle pousse la fille et m'embrasse si passionnément que ce baiser annoncera les prémices d'un grand amour.

Quelques jours plus tard, je me retrouve dans les abysses de la tristesse, le cœur en deuil de mon amour étasunien. Je m'en vais boire une coupe avec Joséphine. Je lance, comme une bouée à la mer :

« Je vais faire quoi cet été ? J'étais censé partir deux mois en Inde avec Gloria.

— Viens avec moi à Istanbul en autostop », me répond simplement José.

Yeux vissés sur la table collante du bar miteux, je les lève d'un coup pour les placer dans les siens. Elle est sérieuse, ses lèvres forment un petit sourire rouge. J'acquiesce d'un coup de tête sec. On se serre la main et on prévoit notre départ après nos examens.

Enjoué par cet amour naissant, je sens mon cœur se réparer un peu. Mais ma plaie identitaire reste béante, s'affichant sur mon visage cerné et gonflé par mes pleurs. Mes ami·es décident d'intervenir.

« Qu'est-ce qu'il se passe ? Tu as l'air vraiment bizarre depuis quelque temps, on s'inquiète beaucoup.

— Rien, ce n'est rien. » Je réponds sans aucune conviction.

« Dis-nous, s'il te plaît, parle-nous-en, on ne va pas te juger. »

J'éclate en pleurs, j'ai honte. Tellement honte, j'ai l'impression d'être un monstre. Entre deux sanglots, je réussis à marmonner : « Je crois que je suis un mec. »

Joséphine et Salomon soufflent de soulagement : « C'est que ça ? Mais ce n'est rien de grave ! »

Salomon me prend dans ses bras et m'emmène sur son balcon. Il ouvre une bouteille de vin rouge pendant que Joséphine me roule une cigarette avec du vieux tabac sec.

« On va te trouver un nouveau prénom ! » dit José.

Pendant l'heure qui suivra ce qui me semblait être une révélation des plus tragiques, mes deux ami·es commencent à balancer des prénoms comme si l'un·e de nous allait prochainement devenir parent. Dans une ambiance festive, la fumée de nos cigarettes insuffle un sentiment de légèreté dans une conversation qui me terrorisait depuis tant d'années.

« Sven ?

— Mathieu ?

— Charly ?

— Oscar ?

— Léon ? »

Quand le prénom Léon retentit dans l'espace, je m'arrête net.

« Léon, j'aime bien. Non, mais j'aime vraiment bien, je crois. »

C'est ainsi que mon prénom naquit. Entre rires et soutien amical sans jugement.

C'est ainsi que ma réelle identité d'homme se matérialisa pour la première fois.

C'est ainsi que les premières lignes de ma page blanche furent noircies par de l'encre authentique : *enchanté, je m'appelle Léon.*

HAIR IS EVERYTHING

Mon prénom *Léon* restera quelque temps enfoui profondément dans mon torse et ceux de mes ami·es. Je savais que je m'étais enfin rencontré, mais je n'étais pas prêt à ce que les autres fassent de même.

Notre périple pour Istanbul approchait à grands pas et j'étais très excité à l'idée de partir avec José, mon amie pétillante qui croque la vie à grandes bouchées. Sur le départ, nous buvons un dernier café. Je me lève pour aller aux toilettes avant de régler l'addition. Je tente de pousser la porte avec le bonhomme en jupe. Verrouillée. Et si j'allais dans celles des hommes ? Je suis un homme, après tout. Le torse bombé, je pivote pour pousser la porte d'en face, ornée d'un bonhomme en pantalon. Ma main effleure la poignée quand une poigne ferme m'agrippe l'épaule pour me tirer en arrière :

« C'est les toilettes des hommes, madame ! » Un homme d'une quarantaine d'années, vêtu d'un tablier du restaurant, me fait la leçon.

« Mais, je pensais que… Enfin, vous savez que les personnes transgenres existent et que je pourrais très bien être un homme ?

— Oui, tout à fait, mais vous avez commencé par les toilettes des femmes, alors bon… »

Je suis vaincu, impossible de me justifier après cette preuve explicite.

— En plus, la loi de la restauration nous impose des toilettes genrées, et surtout de les faire respecter », rajoute-t-il fièrement.

Je n'ai aucune connaissance en droit pour vérifier ce qu'il avance. Bredouille, je retourne la vessie pleine aux côtés de Joséphine. J'ai encore beaucoup de chemin à parcourir.

Ce voyage sera une nouvelle tentative d'écriture : par le voyage physique, j'espère amorcer mon voyage identitaire. Apparemment, pour que ça fonctionne, il faut que je me retrouve dans des situations un peu extrêmes. Deux filles, à nouveau, ou une fille et une personne qui a l'air d'une fille, sur la route des camions pour atteindre un but fictif, mais tangible : Istanbul. Muni·es d'un carton, nous écrivons le nom de la ville la plus proche en direction de la Ville aux sept collines. Au début du voyage, nous sommes deux filles, indubitablement proches pour des amies, mais c'est comme ça qu'on est perçu·es. Deux filles sur les routes des Balkans sans endroit pour dormir. Chaque jour est une aventure sans but précis, à part celui de manger et trouver un lieu où passer la nuit. Nous faisons le chemin jusqu'à Belgrade, en Serbie.

Loin du *boys club* de mon passé, j'entre dans le premier *barbershop* que je croise. Mes cheveux dans une main, les ciseaux dans l'autre, le barbier détruit une des marques les plus importantes de ma féminité : mes longs cheveux blonds. Chaque mèche qui tombe sur le sol me rapproche enfin d'une apparence qui me ressemble. Désormais, j'ai les cheveux courts, *comme un garçon*. Ne sous-estime pas cette étape, elle est cruciale : *hair is everything*. D'un moment à l'autre, nous ne sommes plus perçu·es comme deux amies filles, mais comme un couple lesbien. Je deviens la lesbienne masculine du couple, et donc le gars. Notre expérience de voyage change radicalement. Le monde nous traite royalement différemment. Nous sommes profondément choqué·es par l'effet foudroyant que peuvent avoir des cheveux. Belgrade annonce le début d'un voyage métamorphosé, celui d'un couple ouvertement lesbien qui se balade dans les Balkans. L'homophobie fait sa sournoise apparition et on enchaîne les violences. À Sarajevo, lors d'une de nos balades main dans la main, on aperçoit un vieil homme qui nous fixe de loin. Notre chemin nous mène vers lui et, à peine arrivé·es à sa hauteur, l'homme se lève brusquement de sa chaise, animé par une rage fougueuse. Il n'a pas le temps de nous insulter que José a déjà son doigt d'honneur pointé vers lui. Il reste bouche bée, surpris par ce long doigt fin qui le fixe. On éclate de rire ; qu'il est ridicule avec son homophobie ! On se sent surpuissant·es.

Notre expérience de voyage avait changé, car la perception que les hommes avaient de nous n'était plus la même. Lors de nos nombreuses sorties en boîte de nuit, les hommes cis-hétéros n'arrêtaient pas de m'encenser d'avoir une si belle femme. Ils regardaient ma copine avec leurs yeux d'obsédés, mais ne lui parlaient pas. Ils venaient me serrer la main, mais essayaient quand même de me voler ma femme. Cette expérience s'est répétée un nombre incalculable de fois. Un couple femme-femme est rarement respecté. Les hommes se sont toujours permis de draguer mes copines devant moi, estimant qu'ils étaient un meilleur choix pour ces femmes féminines, qui « ne ressemblent pas à des lesbiennes ». Des hommes qui n'auraient jamais agi ainsi si j'avais été perçu comme un homme, un de leurs semblables, leur égal.

À cause d'une coupe de cheveux, Joséphine n'existait plus, elle était devenue MA femme. C'est l'effet de la masculinité, même d'une masculinité superficielle caractérisée par des cheveux plus courts que les siens ; c'est un marqueur d'une supériorité. Les gens ne s'adressaient plus qu'à moi. Que ça soit pour demander leur chemin, pour payer la note au restaurant ou pour réserver un lit dans une auberge de jeunesse. Aux yeux du monde, José était devenue ma propriété, je devais la gérer.

Nous nous insurgions profondément de cet état de fait. Un feu militant commença à prendre possession de nos corps.

Pouce en l'air, « Tirana » écrit au stylo noir sur un bout de carton usé. Un gros camion s'arrête sur le bord de la route pour nous laisser monter. La nuit arrive, nous demandons à descendre pour trouver un endroit où dormir. Une plage, une tente, un matelas. Satisfait·es d'avoir trouvé un toit ce soir-là, nous allons manger au restaurant pour célébrer mon anniversaire. J'ai 21 ans. Assis·es autour d'une petite table en bois, José m'offre un cadeau. En guise de remerciement, je contourne la table pour lui coller un baiser. Une réaction à mon avis tout à fait *normale* à cette occasion. Sauf que j'avais oublié que nous, nous ne sommes pas *normales*. Après cette démonstration d'amour lesbien, le restaurant a refusé de continuer à nous servir et nous avons dû quitter les lieux. La honte a fait son retour dans mes membres. J'ai eu honte de mettre Joséphine dans cet embarras. Sans moi, elle ne se serait jamais retrouvée sur ce bûcher social. J'ai honte d'être qui je suis et d'aimer qui j'aime. Je dois retourner me cacher.

***

Nous arrivons finalement à Athènes. Sans hésiter, on rejoint le quartier révolutionnaire d'Exárcheia. On retrouve un sentiment de sécurité et on déambule dans les rues chaudement ensoleillées. Un salon de tatouage fait son apparition sur notre droite. Je décide de m'en faire un entre les seins, un petit soleil sur le plexus solaire. Allongé sur cette table qui rappelle celles des salons de massage aux nombreux « *happy endings* », je me dis que l'emplacement est parfait. Sa proximité avec mes seins m'empêchera de me les faire enlever, car les cicatrices ne pourront pas traverser l'encre noire du tatouage. Il sera le gardien qui m'empêchera d'être ce monstre que tout le monde voit en moi.

Après deux mois de voyage, on atteint finalement Istanbul. Une ville explosive qui conquiert nos cœurs. On y fréquente la grande communauté LGBTQIA+ d'Asie qui s'y regroupe, faute de liberté dans leurs contrées. Une femme trans du Qatar m'explique qu'elle est venue dans cette ville immense afin de se procurer ses hormones. Elle ne pourra plus jamais rentrer chez elle, car elle risque la prison, ou pire. Ici, elle s'est entourée d'autres comme elle, sa nouvelle « famille choisie » comme elle dit. Ayina est splendide.

Longs cheveux noirs bouclés, grande et élancée, tatouée et très bien habillée. Dans une ambiance festive, nous dansons collé·es, uni·es par une force métaphysique.

Avec Joséphine, nous décidons que le moment est venu de rentrer en Suisse. Nous étions parti·es en tant qu'ami·es, nous rentrons en tant que couple. Je suis heureux de cet amour naissant qui sera un pilier dans mon développement identitaire amorcé.

Joséphine est au courant de mon identité d'homme, mais à ce moment-là nous n'en parlons pas souvent, voire pas du tout. De retour en Suisse avec mes cheveux courts, le choc est réel pour mon entourage.

« Quand j'ai su que tu t'étais coupé les cheveux court comme un garçon, je n'en ai pas dormi de la nuit ! J'avais tellement peur que ça fasse trop masculin, mais finalement, ça va, ça reste assez féminin », me dit ma grand-mère paternelle. L'envie de lui répondre « Ah bah, merde, c'était le but », me brûlait les lèvres. Mais je n'étais pas prêt. La prise de conscience de devoir rapidement en parler à ma famille est venue me gifler. Je ne pourrais pas avancer tant que mes parents restaient convaincus d'avoir deux filles et mes grands-parents deux petites-filles. Ça allait faire mal...

JOLIS SEINS

Ce voyage a allumé une flamme militante dans mon esprit. Habité par une lourde vérité identitaire, je pensais que le rejet total du monde actuel allait m'en libérer. J'ai intégré les milieux militants de mon université. Des espaces où les LGBTQIA+ avaient une place importante. J'avais l'impression de retrouver mon San Francisco, où c'était plutôt cool d'être *queer*, et pas cool d'être homophobe.

Avec Joséphine, nous rejoignons un groupe d'action féministe qui a pour but d'organiser la première grève nationale féministe suisse. Du jour au lendemain, nous nous retrouvons dans un train rempli de féministes enragées en direction de la capitale suisse, Berne. Le violet règne en maître, les ongles sont peints, les lèvres sont rouges, les pommettes brillent de paillettes. Les femmes remplissent le wagon de leur colère et de leurs slogans : « Tout ce qu'ils font, nous, on le fait aussi, mais en saignant ! » « 13 % de salaire en moins pour nous, juste parce que nous sommes des femmes ! Assez ! » « Nos corps, nos choix ! » « L'absence de *non* n'est pas un *oui* ! » « SO-SO-SO SO-lidarité, avec les femmes du monde entier ! »

Le train vomit une vague violette qui colonise les rues calmes et propres de la capitale suisse. José m'immobilise en m'agrippant les épaules. Son regard malicieux m'ensorcelle. Elle sort son rouge à lèvres et garnit mes lèvres d'une couverture rose. Une fois terminé, ses dents blanches apparaissent dans un sourire taquin, elle retire son top pour se retrouver seins nus, au milieu de toutes ces femmes : « Mon corps, mon choix ! » Je me saisis du tee-shirt ample censé cacher mes seins pour les dévoiler au monde entier. Quelle liberté ! Au départ, nous sommes les seul·es à franchir le pas, mais rapidement notre liberté en contamine bien d'autres. Un groupe de filles de notre âge nous rejoint. Elles enlèvent toutes leur tee-shirt et je remarque qu'une d'elles n'a pas vraiment de seins. Charlie est fine et élancée, sa peau à la texture granuleuse lui donne un air presque gothique. Elle porte une croix autour du cou et des paillettes autour des tétons. Son corps est lisse et travaillé. Je suis poussé vers elle par une force puissante.

« T'es trop belle, toi !

— Oh, merci ! Je suis drag queen !

— Oh, trop cool ! »

Charlie est en fait une femme trans en devenir. Elle n'est pas encore totalement consciente de sa future trajectoire, mais nos destins se lient à cet instant, pour ne jamais se séparer. Déjà à cette étape de sa vie, elle transpirait la femme. Son corps tout entier criait à sa place : « Je suis une femme. »

Côte à côte, nos corps se libèrent. J'ai des seins, elle n'en a pas. Je suis un homme, elle pas. Nous marchons dans une foule enragée, la moitié de nos corps dénudés. Nos mains brandissent un panneau en carton sur lequel brille en majuscules : « Fin à la dictature du phallus ! »

***

Mon engagement dans les luttes féministes m'aide à m'accepter comme je suis. Lors d'une réunion pour combattre la hausse des taxes universitaires, un membre de notre groupe d'activistes propose qu'on se présente à tour de rôle. Il explique : « Tu dis ton prénom, ton pronom et ta météo, c'est-à-dire comment tu te sens aujourd'hui. » Je n'avais jamais entendu le mot « pronom » dans ce contexte. Je ne savais même pas ce que ça voulait dire. Les militant·es commencent :

« Léa, elle. Aujourd'hui, je me sens bien !

— Loris, il. C'est une période un peu compliquée pour moi, donc ne prenez pas mon manque d'énergie contre vous.

— Charly, iel. Aujourd'hui, j'ai reçu la confirmation de mon changement de prénom officiel, je suis aux anges !

— Max, il. Tout va bien pour moi aujourd'hui. »

Je suis au milieu du cercle, mon tour approche à grands pas. À chaque présentation, les battements de mon cœur s'accélèrent. Tant que personne ne me demande mon « pronom », c'est facile de ne pas mentir. Mais là, ne pas partager mon nouveau prénom serait m'incliner et perdre ma bataille personnelle. Tous les yeux sont rivés sur moi, mon moment de parole est arrivé. Je crois avoir laissé un silence trop long pour qu'il soit socialement acceptable.

« Léon, il, dis-je d'une voix tremblante, mais décisive.

— Et tu vas bien aujourd'hui ? ajoute une militante, inquiète du ton nerveux de ma voix.

— Euh, oui, super ! »

Ça y est, j'ai amorcé mon coming out social. Pour l'instant, loin de moi l'idée de modifier mon corps médicalement. Je suis concentré sur ma première étape : vivre perçu comme un mec dans certains espaces. Durant quelques mois, j'entame une double vie : Léon dans les cercles militants genevois, mon morinom dans tous les autres espaces.

> Je comprends ta curiosité face à mon prénom d'avant. Néanmoins, j'ai fait le choix de ne pas le partager, de le cacher le plus possible. J'ai une relation conflictuelle avec ce prénom, je ne suis pas complètement guéri de la souffrance qu'il a pu me procurer, du sentiment de vide et d'inadéquation qui lui est associé. En plus, il est courant que certain·es l'utilisent pour m'agresser, pour invalider mon identité. Des personnes de mon village d'enfance ne se gênent pas pour le crier quand elles me voient passer dans la rue. D'ailleurs, c'est pour cela qu'on évite de demander à une personne trans quel était son *prénom d'avant* (certain·es parlent même de « vrai prénom » pour le qualifier). Qu'est-ce que cela t'apporterait réellement de le savoir ? Mon vrai prénom est Léon. C'est le seul qui me représente réellement, l'ancien ne reflétait qu'une ombre de moi-même.

Me voilà coincé entre deux mondes. Un pied dans l'ancien monde, où l'on m'appelle par mon morinom. L'autre dans mon nouveau monde, l'authentique, où Léon règne en maître. Dans ce monde, je teste mon nouveau prénom et la projection masculine d'autrui sur moi. J'adore ça. Chaque personne qui me genre au masculin insuffle un vent d'apaisement directement dans mes veines. Plus j'y passe de temps, plus l'ancien monde s'éloigne, écartant mes pieds et fragilisant ma posture. L'encre authentique coule à flots sur ma page autrefois d'un blanc réfléchissant : je suis un homme, je m'appelle Léon et mon pronom est *il*.

Petit à petit, l'envie de l'annoncer au reste du monde commence à me brûler. Chaque personne qui m'appelle encore par mon prénom féminin vient ajouter de l'alcool à mon feu.

Encore incapable de quitter totalement l'ancien monde, je suis persuadé qu'il sera possible de vivre mon identité d'homme uniquement socialement. J'envisage de mettre au courant les personnes avec qui je passe la majeure partie de mon temps, les driller pour qu'elles me genrent au masculin et m'appellent Léon. Le reste de la population n'a pas besoin de le savoir. Mon corps ressemble à celui d'une femme, mais moi, je sais que je n'en suis pas une.

Un jour d'été, je pars en week-end avec un ami, Liam. Nous allons surfer à Biarritz. Un week-end de bromance, deux mecs qui font *des trucs de mecs*. Sur la plage, il se met torse nu. Je suis le mouvement. Le sable qui grésille entre nos orteils, on commence à se boxer, pour rigoler. Nous sommes deux hommes à moitié nus sur la plage, mais toi, tu aurais vu un homme qui boxe une femme seins nus sur la plage. C'est cet écart qui commençait à me ronger de l'intérieur. Mes seins ne sont qu'un amas de graisse à un certain endroit de mon corps, pourtant ils sont tellement plus pour le reste des humains.

Fesses sur le sable, bière à la main, Liam me demande :

« Du coup, tu penses faire des opérations ?

— Ah non, jamais, j'ai de trop jolis seins pour les enlever », dis-je avec assurance et humour.

Je n'envisageais aucune mesure médicale par peur et méconnaissance. Je ne pensais même pas qu'elles existaient en Suisse ou qu'elles pouvaient être réussies. Jusqu'au jour où Joséphine me sort de mon déni : « Tiens, tu le connais, lui ? » me dit-elle en me tendant son téléphone. L'écran affiche la photo d'un influenceur new-yorkais torse nu, avec deux cicatrices en dessous des tétons. Il est beau. Il est heureux et son torse est plat alors qu'il est né avec des seins. C'est une énorme claque numérique. Mes yeux s'enfoncent dans les pixels jusqu'à ce que j'accepte ma réalité : *je suis comme lui, je suis lui.*

La vision de cet homme ne m'a pas rendu trans. J'étais déjà trans et ma rencontre avec sa photo m'a aidé à mettre des mots sur un sentiment déjà présent. Notre visibilité ne convertit personne à la transidentité, mais vient expliquer un ressenti préexistant. Cette nuance est cruciale, car elle combat un discours dangereusement croissant : *le nombre de personnes trans serait en augmentation inquiétante et les réseaux sociaux en seraient les responsables.* Comme si la transidentité était un nouveau variant de Covid-19 qui se propageait par un phénomène de contagion sociale. Nous ne sommes pas malades, c'est la société, en nous empêchant d'être nous-mêmes, qui l'est.

LA TRANSITION

Par où commencer ? Je n'ai absolument aucune idée, aucun modèle, aucun guide certifié dans l'ascension de ma montagne cent fois plus dangereuse que l'Everest.

Nous entrons dans la partie souvent la plus critique de la vie d'une personne trans qui cherche à transitionner médicalement. Toutes les personnes trans n'entreprennent pas des mesures médicales. En France, seules 17 % des personnes s'identifiant comme transgenres ou non binaires ont recours à une hormonothérapie ou à des interventions chirurgicales*. « Transgenre » est un terme qui inclut de nombreuses personnes. Il désigne simplement le refus d'accepter le genre assigné à la naissance. Imagine, tu nais avec un pénis, le médecin dit : « C'est un garçon ! » en se basant sur la présence de ton pénis. Mais toi, plus tard dans ta vie, tu refuses cette vérité absolue d'être un homme, alors, tu es transgenre. C'est un terme parapluie qui inclut les personnes trans non binaires.

Oui, il y a beaucoup de termes. Mais tu n'as pas eu de problèmes à apprendre tous les modèles existants de voitures ou d'iPhone. Je crois que tu vas survivre avec quelques termes pour les identités trans.

Globalement, il y a deux grandes catégories : les personnes transmasculines et les personnes transféminines. « Transmasculin » signifie « transition vers le masculin ». « Transféminin » désigne une « transition vers le féminin ». Chaque personne est plus ou moins binaire dans sa transition. Par exemple, moi, je me situe tout au bout du spectre de la binarité. Je suis un homme trans *binaire*, qui se reconnaît dans l'identité « homme ». De l'autre côté du spectre se trouvent les personnes non binaires, qui ne se reconnaissent pas dans les catégories exclusives « homme » ou « femme ».

---

* Haute Autorité de Santé (HAS), « Parcours de transition des personnes transgenres », 2022.

***

Comme toi, j'ai longtemps vécu dans l'ignorance de ces possibilités, avant d'être forcé à investiguer pour ma survie. Face à ces nouvelles informations, je suis complètement perdu. Mais je suis convaincu d'une chose : je veux un torse plat et de la barbe. Je veux qu'enfin le monde me perçoive comme je me suis toujours perçu dans mon jardin intime. C'est à ce moment de ma vie que la souffrance liée à mon corps fait son insidieuse apparition.

Je ne voulais plus de mon corps dans son état actuel. Mes seins, ma peau fine, mes hanches, ma voix aiguë, ma carrure féminine, ma vulve, me semblaient étrangères. Chaque personne qui m'appelait « madame », « jeune fille » ou « elle » me rappelait que j'échouais dans la tâche la plus importante de ma vie : *être qui je suis*.

Ça faisait maintenant des années que je ne me ressemblais pas. J'avais enfin compris la source de ma désincarnation corporelle, alors il fallait que ça change, et vite. Mais l'ascension identitaire que j'avais en ligne de mire n'était ni douce ni libre d'accès. Elle était jonchée d'obstacles meurtriers.

Mon premier obstacle était celui d'un deuxième coming out à des parents qui, par le passé, ne s'étaient pas montrés franchement ouverts d'esprit sur les questions LGBTQIA+. L'idée de revivre une ostracisation familiale me terrifiait. J'étais déjà le vilain petit canard en étant lesbienne, mais alors trans ? Un seul coming out foireux m'avait suffi. Malheureusement, il n'y avait pas de chemin alternatif pour atteindre le sommet. Mon corps allait visiblement se métamorphoser. La transidentité peut rarement rester dans le placard comme l'homosexualité.

Mon deuxième obstacle majeur était la législation et l'encadrement des transitions. La volonté de transitionner ne suffit pas pour atteindre le sommet. Un amas de mesures visant à encadrer nos transitions retarde souvent l'ascension et la sortie de la tempête qui nous tue à coups de vents glacials.

Le troisième obstacle meurtrier était la transphobie sociétale. Avant ma transition, la masse de gens me cataloguait facilement comme une femme, lesbienne certes, mais toujours une femme. Une catégorie prévue dans le script originel. Désormais, cette masse ne saurait plus où me caser : fille ou garçon ? Dans le script, il n'y a pas de zone grise et ma simple existence engendre donc une panique sociétale. Je suis devenu l'intrus, puis l'ennemi de ce scénario appris depuis notre plus tendre enfance.

OBSTACLE NUMÉRO 1 : LE COMING OUT TRANS

Vu comment s'était passé mon coming out lesbien, j'avais de profondes réserves quant à l'idée de partager ma transidentité avec mes parents. J'ai ainsi commencé par ma sœur, convaincu de son acceptation la plus totale.

« Charlotte, je voulais te dire, en fait je suis un mec », lui dis-je sans le tremblement habituel qui se niche dans ma voix quand je fais de telles annonces.

« Hein ? Tu veux qu'on te dise "il", maintenant ? souffle-t-elle entre deux lattes de cigarette.

— Oui, et je m'appelle Léon.

— OK, cool. »

La conversation a peut-être été un peu plus longue, mais pas beaucoup. Ma sœur m'a écouté, sans jamais remettre en question mes dires. Elle ne s'y connaissait pas du tout en transidentités, mais j'ai ensuite appris qu'elle s'est abondement renseignée sur les profondeurs de nos identités trans. Pour la suite de ma transition, elle allait rejoindre mon expédition pour devenir ma fidèle camarade d'ascension. Certains des futurs obstacles auraient été infranchissables sans son assistance. Mon épreuve était devenue sienne, et tout obstacle, un ennemi commun.

À cette époque, mes liens avec mes parents étaient assez effilochés. Nous communiquions peu, ils ne me connaissaient pas réellement. Mes engagements politiques et ma révolte globale ne collaient pas avec leur perception de la vie. Néanmoins, depuis mon coming out lesbien, ils s'étaient faits à l'idée d'avoir un enfant LGBTQIA+. Mon homosexualité, qui en réalité était de l'hétérosexualité dans une enveloppe corporelle homosexuelle, était plus ou moins acceptée.

Avant de lâcher la bombe transgenre, je décide de tâter le terrain lors d'un repas de famille. Entre deux bouchées de steak, un silence assourdissant fait résonner les fourchettes qui heurtent les assiettes :

« Vous connaissez le chanteur Chris ?

— Pas du tout. C'est qui ? » me répond innocemment ma mère.

J'ajoute, un peu saoulé de devoir spécifier son morinom : « Mais si vous le connaissez, c'était Christine and The Queens avant. »

Les fourchettes s'arrêtent un instant, pour léviter nerveusement dans les mains des mangeur·euses. J'ajoute d'une voix sèche :

« Il a fait une transition, c'est un homme aujourd'hui.

— Ah oui, j'aime beaucoup ce qu'elle fait, répond ma mère.

— *Il* », corrige Joséphine, mon partenaire d'ascension.

Les fourchettes lévitent toujours.

« C'est un homme maintenant ? Ça veut dire quoi ? demande mon père d'une voix inquiète.

— Il s'est rendu compte qu'il était un homme et pas une femme, donc il veut qu'on l'appelle Chris maintenant. C'est incroyable, non ?

— Oui… » dit ma mère.

Le silence est de plus en plus assourdissant.

« Mais toi, rassure-moi, tu restes une femme ? » lance mon père, d'un ton plus qu'apeuré.

Ma respiration se bloque, mes pommettes rougissent et mes yeux se fixent dans ceux de mon daron paniqué.

« Oui, bien sûr », dis-je d'une voix pâle.

Les fourchettes replongent leurs dents dans le steak rosé soigneusement préparé par ma mère. C'est le grand soulagement, pour mes parents. Mon cœur se serre et je ressens le premier obstacle de cette ascension comme une crevasse sans fond. Comment vais-je le surmonter ?

Je quitte le repas, déçu de ne pas avoir pris les devants. Déçu de ne pas avoir eu les ovaires de poser mes couilles sur la table.

***

Tant que je ne partageais pas avec mes parents cette nouvelle qui allait modifier l'aspect physique de leur enfant, j'étais bloqué. Je les voulais tant, ces hormones, je rêvais de ce moment fatidique où mon corps allait entreprendre son voyage pour devenir le réel reflet de mon âme. Mais l'ascension me semblait tellement longue, le sommet ne faisait que s'éloigner et la météo s'aggraver.

Tout aspect féminin de mon corps me semblait luire dans la nuit. J'avais l'impression que mes seins et mes hanches avaient triplé de volume. Que ma voix était montée de plusieurs octaves et que ma peau s'était affinée pour s'apparenter à une fine couverture de soie posée sur mon visage. Des attributs que j'adorais chez autrui, mais qui ne me ressemblaient pas.

Chaque jour passé où l'on m'appelait « madame » était un tir de sniper directement dans mon cœur. Cette souffrance est de celles qui tuent, de celles qui nous plongent dans les abysses de la détestation de soi, de celles dont nous avons besoin de nous affranchir. Mais le monde extérieur nous perçoit comme des menaces sociétales, alors que nous sommes principalement des dangers pour nous-mêmes.

> *« Il y a une épidémie aujourd'hui de transgenres, il y en a beaucoup trop » – Élisabeth Roudinesco interrogée par Yann Barthès, « Quotidien », 10 mars 2021, TMC.*
>
> *« L'idéologie transgenre est en train de s'infiltrer dans toutes les sphères de la société » – Dora Moutot et Marguerite Stern,* Transmania, *Magnus, 2024.*
>
> *« La journaliste Abigail Shrier a étudié l'épidémie de transidentités chez les jeunes filles » – « Dragon Bleu TV », 28 octobre 2022.*
>
> *« Le phénomène ne concerne qu'entre 1 et 3 % des adolescents, mais les consultations de jeunes en questionnement de genre ont littéralement explosé » – Sofia Pekmez et Mauro Losa, « Temps présent », 2 mars 2023, RTS.*

Au lieu d'apporter un soutien aux personnes qui vivent une souffrance directement liée à leur chair, nombreuses sont les voix qui décident de mettre d'amples barrières à notre paix personnelle. Dans quel but ? Souvent sous prétexte de la protection des enfants ou de la protection des femmes dans les toilettes publiques, la main tendue est remplacée par un couteau sous la gorge.

Chaque jour est une bataille contre la perception sociétale de ce qu'est une femme. Je me retrouve seul à combattre des perceptions genrées qui sont la base de notre grande pièce de théâtre, répétée et jouée chaque jour religieusement. J'ai l'ambition de redéfinir ce qu'est un homme : *un homme peut avoir des seins* ! Je crie dans une salle vide. J'essaie de combattre un scénario tellement ancré qu'il est invincible. Le genre est socialement construit, mais cela n'implique pas qu'il n'existe pas. La pièce de théâtre est basée sur un scénario, mais elle est réellement jouée. Je comprends que je ne vais jamais réussir à redéfinir ce qu'est un homme, que si je veux me faire percevoir ainsi, je vais devoir adhérer au scénario.

***

Joséphine et moi décidons de repartir sac sur le dos à la découverte d'une nouvelle partie du monde. Un soir, après une longue journée de voyage, elle me tend un paquet emballé dans un papier cadeau de Noël.

« Un cadeau de Noël ? Nous sommes en février !

— Ouvre ! » dit-elle avec son regard malicieux, comme si elle allait me faire une blague.

J'arrache le papier et je trouve un bout de tissu qui ressemble à un soutien-gorge de sport. Il est de couleur peau et il m'a l'air très serré. Je le tiens d'un air dégoûté suspendu à mon doigt, sans vraiment comprendre pourquoi elle m'offre quelque chose en lien avec cette zone de mon corps dont on ne prononce pas le nom.

« C'est un *binder* ! Tu connais ? dit-elle, très fière de son coup.

— Je...

— Léon, c'est un habit qui permet de compresser ton torse et de faire comme s'il était plat, sans seins. »

Mes yeux écarquillés se remplissent de larmes. Quel cadeau incroyable ! Effrayé par toute la démarche liée à la transition, je ne me permettais pas d'effectuer des recherches internet sur ce qui pourrait soulager ma dysphorie. J'étais extrêmement chanceux d'avoir une personne qui le faisait pour moi, qui prenait soin de cette partie de mon identité. Elle était attentive à toute astuce pour m'accompagner au mieux dans ce processus.

Je cours dans notre chambre d'hôtel, et j'essaie d'enfiler le bout de tissu. Je sens mes masses graisseuses s'écraser contre mes côtes. Les coutures scient ma peau, le tissu compresse mon torse, rendant ma respiration presque douloureuse, mais je n'ai plus de seins. Je mets un tee-shirt blanc serré. Adieu, tee-shirts amples en pleine canicule ! Je respire enfin, on dirait un adolescent prépubère de 12 ans, mais un garçon. Je ressors, un sourire illuminant mon visage encore doux. Rempli d'une fierté qui m'était encore étrangère, je suis certain que les gens autour de nous ne pourront plus questionner la nature hétérosexuelle de notre couple. Je me pose en face de Joséphine, je commande une bière, je bombe le torse et je lance de ma voix la plus grave : « Ça va, ma chérie ? » Ce sur quoi, on explose de rire, marquant ce moment comme l'une de mes premières douces rencontres avec l'euphorie de genre.

> L'euphorie de genre, c'est la satisfaction de se ressembler, d'être vu comme le genre ressenti. C'est un sentiment de concordance, acquis par les personnes cisgenres, qui sont habituées à ce qu'on les perçoive comme leur genre ressenti. Par la suite, mon euphorie de genre va prendre le dessus sur ma dysphorie de genre, la testostérone va multiplier les occasions où l'on me voit comme un garçon.

C'est dans ce moment d'euphorie que je décide qu'il est temps de me sauver et d'amorcer ma réelle ascension. Celle qui a pour objectif d'atteindre le Saint-Graal : le corps comme reflet de l'esprit.

J'ai 21 ans et déjà mon master en coming out. Je décide de me protéger des erreurs parentales du passé et d'employer une arme douce de communication : la lettre. Après mûre réflexion, je me dis qu'une lettre me tiendra à l'écart de la première réaction, régie par la peur, de parents qui ont l'impression de perdre leur fille chérie.

Je me réfugie dans mon appartement à Genève, loin du nid familial d'antan et entouré de mes ami·es les plus proches. Ma sœur joue le rôle du pigeon voyageur et de la médiatrice. Elle convoque nos parents au salon et les fait asseoir sur le canapé, dont le confort s'apparente plus à un rocher qu'à un nuage apaisant. Elle m'envoie un SMS.

OK, Léon, t'es prêt ? Je vais leur donner la lettre maintenant.

Ding ! Le son de mon téléphone résonne dans mon torse et se transforme en boule d'angoisse infiltrant mes intestins. Je tape sur l'écran, les doigts si tremblants que j'aurais l'air d'un alcoolique en sevrage depuis 24 heures.

Oui, vas-y, c'est maintenant ou jamais.

Charlotte leur tend une maigre page de papier contenant une nouvelle qui sera une délivrance pour moi, mais qui, pour eux, viendra ébranler les fondations du monde dans lequel ils pensaient vivre.

> *Nous sommes une chouette famille nucléaire normale. Deux parents hétérosexuels avec deux superbes filles qui ont fait des études supérieures. Nos filles sont belles, aimées et elles vont réussir dans la vie.*

Dans leurs mains se trouvent à présent des mots qui représentent MA liberté, mais la fin de ce modèle, LEUR modèle, duquel ils tirent tant d'assurance et de sécurité.

> *Chère maman, cher papa,*
> *Je vous écris aujourd'hui, car j'ai quelque chose d'important à partager avec vous.*
> *Depuis une année, notre relation est devenue un pilier stable pour moi. Si je fais une rétrospection de mon enfance, j'ai des souvenirs flous de colère contre le monde et contre vous. L'adolescence a été difficile pour moi et notre relation a beaucoup souffert lorsque je me suis rendu compte de toutes les injustices de ce monde.*
> *Mon premier coming out auprès de vous a été douloureux et j'ai senti un fort rejet de votre part. J'ai mis du temps à m'en remettre, à vous pardonner de vos mots et à vous comprendre.*
> *Mais en regardant votre acceptation de mon orientation sexuelle aujourd'hui, je ne peux qu'être fier de votre chemin. Le combat contre vous s'est terminé par une acceptation*

totale de votre part, mais le reste du combat, celui contre la société, ne sera jamais terminé.
La chose qui m'a sauvé de ce monde agressif et haineux a toujours été votre amour inconditionnel, même dans les moments les plus difficiles, j'ai toujours senti votre amour envers moi et envers vous-mêmes. L'amour dans notre famille a été omniprésent et ça a fait de moi aujourd'hui une personne capable d'en recevoir et de donner son cœur.
Je dois partager avec vous une douleur profonde et j'ai peur de perdre cet amour que j'ai toujours reçu de vous. Je suis un garçon et je m'appelle Léon. Mon identité de genre ne correspond pas à celle qui m'a été attribuée à la naissance. C'est la source d'un grand mal-être chez moi. J'ai besoin de vous pour affronter cette épreuve. Je suis conscient que c'est un grand choc pour vous et je veux vous laisser le temps de l'intégrer.
Pour l'instant, je suis bien entouré, je vois deux psychologues depuis un moment qui me soutiennent dans ce processus. Si jamais vous avez besoin de plus d'explications et de soutien de professionnel·les dans le domaine, il y a un refuge à Genève, où je vais depuis quelques mois, qui a des groupes pour les parents de personnes transgenres : +41 22 906 40 35.
J'aimerais que mon corps ressemble à qui je suis, je vais donc devoir prendre des mesures hormonales pour apaiser mon esprit. J'aime qui je suis et je suis heureux d'être né comme je l'ai été, mais je dois trouver la force d'être en adéquation avec moi-même.
Je suis à votre disposition pour toute question et sachez que je vous aime fort. Je ne vous remercierai jamais assez pour l'enfance que vous m'avez offerte, tout en espérant un futur à vos côtés.
Léon

Toutes mes perspectives de vie sont en suspension. Je suis entouré de mes ami·es, qui me lancent des regards de mi-soutien, mi-pitié. Les doigts de ma copine entourent les miens d'un serrage ferme, entérinant sa présence à ce moment décisif de ma vie. J'enchaîne les cigarettes nerveuses, dans l'attente d'un signe de vie de ma sœur.

Mes parents sont-ils en train de se crier dessus ? Sont-ils en route vers Genève pour me dire qu'ils ne me considéreront plus jamais comme leur enfant ? Que soit je reste leur fille, soit ils me renient ? Est-ce le début d'un long bras de fer où je finirai par abandonner ? Serai-je condamné à les voir une fois par an à Noël, car j'y imposerai ma présence en protestation ?

Je lis sur mon écran flouté par l'humidité qui a conquis mes yeux :

C'est bon, c'est fait.

Ils ont dit quoi ?

Maman, ça va, papa, c'est un peu plus compliqué.

Je ne saurai jamais quelles ont été leurs premières pensées à la lecture de mes mots. Je ne veux pas le savoir. La lettre m'a offert une bulle de protection afin de ménager mon cœur et ma future relation avec mes parents.

Quelques heures après la douche froide numéro 2, mon téléphone vibre et un message de ma mère vient m'illuminer le visage :

Mon Léon chéri,
Je suis bouleversée et émue. Et je te remercie pour la confiance que tu nous fais, pour ton amour et ton pardon. Sois sûr aussi de mon amour absolu pour toi, mon fils. Je suis ta maman et je t'aime plus que tout. Je suis tellement fière de toi, de qui tu es, de ton courage, de ton engagement, de ta grande sensibilité, de ta profondeur. Je suis triste de savoir que tu dois vivre cette douleur profonde, mais je suis persuadée qu'en devenant la personne que tu veux être, tu seras heureux. Je te le souhaite du plus profond de

mon cœur. Je trouve que Léon est un très beau prénom, je n'aurais pas pu choisir mieux ! Charlotte a été super et comme elle t'aime et t'admire, ça m'émeut aussi beaucoup. Elle a aussi une grande sensibilité et une belle intelligence, je suis tellement fière de vous deux mes chéri·es. Uni·es, nous sommes avec toi pour affronter non seulement les démarches médicales que tu vas entreprendre, mais aussi dans toute ta vie présente et future. Je souhaite que tu me sollicites lors de tes démarches. J'aimerais, si tu le permets, pouvoir t'aider et être à tes côtés. J'aimerais bien te revoir pour t'embrasser et te serrer fort dans mes bras. Et te poser mille questions...
Je t'aime,
Maman.

Merci maman, je suis touché par ton soutien.

Je peux venir te voir à Genève demain ? J'ai besoin de te prendre dans mes bras.

Bien sûr, je t'attendrai chez moi.

Le lendemain, vers 10 heures, la sonnette résonne dans tout l'appartement. Mon cœur sursaute et je traîne mes pieds lourds jusqu'à la porte d'entrée. Ma mère se tient là, toute droite sur ses deux jambes fines comme des allumettes. Sa coupe au carré blonde et ses yeux bleus rendent hommage à son héritage suédois. Son regard humide, éclaboussé d'un mélange d'amour et d'inquiétude, me fixe. Elle se hisse sur la pointe des pieds, redescend, puis soulève à nouveau ses talons, un mouvement machinal qu'elle répète, comme un tic, lorsqu'elle est inquiète ou perdue dans ses pensées. Je la prends dans mes bras.

« Bonjour maman.

— Tu sais, j'ai toujours voulu avoir un fils. »

Mes yeux explosent. Mes bras se serrent autour d'elle comme si j'avais à nouveau 4 ans. Je me sens aimé et à ma place.

C'est ainsi que j'ai enjambé la première crevasse de mon ascension identitaire. Libéré du placard, la voie est libre pour accéder au sommet. Maintenant que mes parents sont au courant, il reste le deuxième cercle familial, les grands-parents, les oncles, les tantes, les cousines.

La voiture roule à 80 kilomètres-heure sur une route sinueuse. Au volant, mon grand-père Alfred. Quand j'étais petit, il passait des heures à m'expliquer des théories sur l'origine de l'univers. Plus grand, je venais l'embêter sur ses opinions politiques, ce qui nous lançait dans des discussions interminables sur le capitalisme et les divers conflits géopolitiques.

« Tu le sors d'où ton caractère de merde ?

— De toi bien sûr. »

Mais aujourd'hui, le sujet n'est pas la fin de l'hégémonie des États-Unis. Sur le siège passager, ma grand-mère Trudie. Son blond platine colore ses longs cheveux sans l'ombre d'une ondulation. Je n'ai jamais vu la vraie couleur de ses lèvres, toujours couvertes d'un rouge à lèvres Chanel. Son odeur somptueusement florale remplit la voiture d'un amour abondant. Je suis assis inconfortablement sur mes mains.

« Tu as suivi l'agression de ce jeune homme gay à Lausanne ? me demande ma grand-mère.

— Oui, c'est terrible.

— C'est affreux, ça me fait tellement peur pour toi, ces histoires. Les gens sont vraiment cons, ils ne peuvent pas vous laisser tranquilles ?

— Oui, c'est déjà tellement difficile pour les homosexuel·les, imagine pour les personnes transgenres !

— Les personnes transgenres ? demande Trudie.

— Oui, tu sais, les personnes qui changent de genre.

— Ah oui ! Pour elles, ça doit être encore pire, je n'ose même pas imaginer. »

Ça y est, le sujet est introduit, je vais pouvoir me lancer. Mon cœur bat au rythme des roues qui tournent sous mes fesses.

« D'ailleurs, je voulais vous dire que...

— Chéri, arrête la voiture, je ne me sens pas bien.

— Oh non, tu as la nausée ? » répond Alfred en tournant légèrement le volant afin de s'arrêter sur le côté de la route.

Trudie ouvre la portière pour s'aérer. Je tire aussitôt la poignée de ma porte : « Ça va mamie ? Tu vas vomir ? »

Je prends son malaise comme un signe de l'univers : la discussion s'arrêtera là. Mon cœur retrouve un rythme normal. Je décide que l'annonce au reste de la famille sera le problème de mes parents. Il faut savoir déléguer dans la vie.

Ma mère l'annoncera à sa mère. Je n'ai d'ailleurs jamais su comment ça s'était déroulé avec Mormor. Mon père l'annoncera à ses parents et, ensemble, ils passeront le coup de fil fatidique à mes oncles et tantes. Apparemment, la nouvelle a tétanisé certains membres de la famille. Le choc initial d'une telle nouvelle est compréhensible et difficilement évitable dans leur monde étranger à nos trajectoires. Mais j'ai choisi de m'épargner leur premier effroi, préférant renouer le contact une fois ma transition amorcée et ma confiance solidement ancrée.

Les annonces à mon cercle familial me permettent d'envisager la fin de ma double vie, Léon à Genève et [morinom] à Lausanne. Je décide d'informer mes ami·es d'enfance, de qui je m'éloignais progressivement par anticipation d'une réaction de rejet. La nature conservatrice du village où nous avions grandi ne me donnait pas confiance en ses habitant·es.

Ma première cible est Joonas, ancien membre de mon *boys club*. Nos mondes n'ont fait que s'écarter depuis nos saunas au goût de levure en Finlande. Mais je n'ai pas d'autre issue que de lui dire la vérité. Je l'invite chez moi, il s'ouvre une bière en écrasant la capsule sur ma table en bois.

« Mec, en fait, je voulais te dire depuis un moment... Je suis vraiment un mec. » Cette phrase m'épuise, je sens ma force intérieure fondre à chacune des présentations de mon monde.

« Euh... Ça veut dire quoi ?

— Je suis transgenre, je ne suis pas une femme. Je m'appelle Léon et il faut me genrer au masculin. »

Le reste de la conversation n'est qu'un souvenir flou. Nos mondes s'entrechoquent et la porte du sien se claque fort. Je ne verrai plus Joonas pendant quelque temps. J'ai l'impression de perdre une partie de moi, un membre de ma famille, mais je n'ai plus la force de me battre pour qu'il comprenne. Plus tard, il m'avouera avoir eu l'impression de me perdre, lui aussi, de voir s'envoler sa meilleure amie de toujours. J'aurais aimé trouver les mots pour lui dire qu'une transition ne détruit pas une personne, mais la sauve. Que c'est son rejet, l'ennemi, pas mon chemin vers une version plus épanouie et authentique de moi-même.

Ma force intérieure se vide comme un réservoir troué. Je décide de faire une annonce commune, à travers un écran, loin des réactions des gens que j'aime. J'ouvre un compte Instagram, @leonchap.

24 avril 2019 à 18 h 32 : Enchanté, je m'appelle Léon.

Regard décidé dans le miroir de ma salle de bains, cheveux courts et moustache artificielle posée au-dessus de mes lèvres.

Au départ, les réseaux sociaux sont un moyen pour contourner un coming out répétitif à chaque rencontre sociale. Mais ensuite, je me rends compte que les réseaux francophones manquent cruellement de représentation transmasculine. Je veux permettre aux gens de ma région d'en apprendre plus sur les personnes trans et potentiellement recréer l'effet que l'influenceur trans new-yorkais avait eu sur moi. Ce post marquera le début d'une série longue, interminable, d'activisme numérique. Une exposition étrangère à ma famille, de nature plutôt discrète et privée.

5 mai 2019 à 18 h 31 : Les hommes aussi peuvent avoir des seins.

En contre-plongée, on me voit avec une clope au bec, seins nus, « Homme à seins » écrit au rouge à lèvres sur mon torse, regard enragé et déterminé.

« Écoute, tu es sûr que tu veux partager tout ça ? me dit mon grand-père.

— Oui, c'est important ! Pour la cause.

— Bon, tu fais ce que tu veux, mais change ton nom de famille, je ne veux pas que notre famille soit associée à tes activités. »

C'est ainsi que je décide de prendre le nom Salin, @salinleon, le nom de famille de ma grand-maman Mormor, un clin d'œil à mon premier refuge...

OBSTACLE NUMÉRO 2 : L'ENCADREMENT MÉDICAL ET LÉGAL

Libéré des pressions du coming out social, mon nouvel objectif devient très concret : trouver le produit sacré, la testostérone. Un élément essentiel pour continuer mon ascension.

« Vous aimiez quels types de jeux quand vous étiez petit ? me demande le psychiatre.

— Avec ma sœur, on jouait souvent aux Barbie. »

Regard confus, le mot *Barbie* sonne trop féminin à son oreille.

« Mais ma sœur avait au moins cent cinquante Barbie et moi j'en avais qu'une, c'était Ken. »

Cette phrase vient rassurer les codes de la binarité de genre. Le psychiatre se dit que, finalement, il y a un rôle pour moi dans le scénario originel : celui d'un homme né dans le mauvais corps.

Muni de son stylo rempli d'une encre aux pouvoirs infinis, il accepte ma demande et établit mon *certificat de dysphorie de genre*, ce sésame qui me rapproche de mon sommet.

> *À QUI DE DROIT*
> *Genève le 19.08.2019*
>
> *ATTESTATION*
> *La personne susmentionnée est suivie au sein de notre centre de consultations depuis le mois de janvier 2019. Diagnostic (selon le DSM-V) : Dysphorie de genre (302.85).*
> *Notre évaluation montre qu'elle fait preuve d'une bonne connaissance des effets médicaux des hormones, avantages et inconvénients, que les capacités de prendre une décision éclairée sont présentes, et qu'il n'existe pas de diagnostic pouvant remettre en question, d'un point de vue psychiatrique, l'indication à un traitement hormonal. Nous*

continuons notre prise en charge psychologique afin de l'accompagner dans son processus de transition.

Ce certificat est censé rassurer le monde : je suis vraiment trans et j'ai besoin de soins médicaux pour survivre ! Ce n'est pas une lubie qui me sert à être cool devant mes potes. Les médecins ont approuvé.

Sans ce papier, je n'aurais pas eu le droit d'accéder à ces hormones, à ce sésame pour mon amour-propre et mon bonheur. À la seconde où je l'ai dans mes mains, j'appelle tous les endocrinologues de ma région. Je veux un rendez-vous maintenant, je veux ce produit dans mes veines demain, ce soir, maintenant !

« Allo ? Oui, bonjour, j'aurais besoin d'un endocrinologue pour m'administrer de la testostérone », dis-je avec ma voix aiguë, qui pourrait aussi bien être celle d'une femme que celle d'un garçon de 8 ans qui veut de la testostérone pour que sa bite pousse plus vite.

« Ah, désolé, nous ne traitons pas ce genre de cas. »

« Non, merci. »

« Nous n'avons pas de place pour les deux prochaines années, au revoir ! »

« Nous sommes complets. »

Après avoir contacté la moitié des endocrinologues de Suisse romande, je réalise que personne ne veut me prendre. Pourtant, j'ai suivi le processus : je suis passé par un psychiatre, j'ai répondu à ses questions intrusives sur mon enfance et j'ai joué le narratif de *l'homme né dans un corps de femme*. J'ai reçu ce foutu papier censé m'ouvrir toutes les portes. Mais je suis bloqué, en suspension au-dessus d'une crevasse sans fond.

Il m'a fallu trouver un réseau de professionnel·les aux sensibilités LGBTQIA+ pour obtenir un rendez-vous avec une endocrinologue qui a daigné me prendre. Elle avait l'habitude des personnes trans et avait déjà administré l'hormone sacrée à d'autres hommes comme moi.

Nous sommes en mars 2019, le premier rendez-vous disponible est en mai. À cette période, chaque jour d'attente supplémentaire me plonge un peu plus dans ma crevasse. Toutes les activités banales de la vie deviennent une épreuve difficilement surmontable. Sortir de mon appartement pour aller en cours, à la boulangerie, à une soirée, au restaurant, faire les courses, devient un combat.

« Bonjour, madame ! »

« Mademoiselle ? »

« Et pour la demoiselle, ça sera une eau gazeuse ? »

Tous ces qualificatifs s'abattent comme un coup de pied sur ma nuque et m'enfoncent dans un ravin. Je glisse de plus en plus profond, il commence à faire nuit et je ne suis pas certain de réussir à revoir la lumière du jour.

Heureusement, la date de mon premier rendez-vous chez l'endocrinologue approche. Arriver à ce stade a déjà été si laborieux que je n'ai pas réfléchi au fait qu'il ne s'agissait que d'un rendez-vous, pas du jour de ma première dose.

« Vous désirez masculiniser votre corps ? me demande le Dr Schaller.

— Oui, dis-je fermement en fixant l'endocrinologue de mes yeux cernés pleins de détresse.

— Êtes-vous au courant des effets ?

— Oui, dis-je, mes lèvres rosées esquissant un sourire.

— Pilosité, répartition des graisses, voix qui baisse, modifications génitales, possible arrêt des menstruations, épaississement de la peau... Vous voulez vraiment tout ça ?

— Oui, dis-je, souriant à pleines dents.

— Vous voulez des enfants ?

— J'ai 21 ans, j'en sais rien.

— Décidez-vous, car si vous en voulez, il va falloir faire une congélation de vos ovocytes. »

Ma vie passe comme un flash devant moi. Je ne suis pas du tout en état de prendre une décision si importante. Je reste silencieux.

« OK, nous allons commencer avec une moitié de dose, afin d'être certains que c'est vraiment ce que vous voulez.

— Non, j'en ai besoin, j'en suis certain, j'aimerais la dose complète.

— On verra », répond sèchement Dr Schaller.

La date fatidique de ma première injection salvatrice est fixée deux mois plus tard, au 12 juin 2019. Deux longs mois qui me font glisser encore plus profondément dans ma crevasse.

Je décide d'effectuer une congélation de mes ovocytes afin de ne pas retirer au *moi du futur* la possibilité d'avoir des enfants munis de mon matériel génétique. Je ne veux pas lui enlever cette option. Par contre, le *moi du présent* est actuellement en PLS. Il est hors de question de déplacer la date de ma première injection. La seule solution est de programmer mon intervention gynécologique le 7 juin, soit une petite semaine avant ma première dose de testostérone. Pour congeler ses ovocytes, il est nécessaire de s'injecter des hormones féminisantes pendant plusieurs semaines. Je me retrouve à me piquer avec de l'œstrogène, l'hormone source de mes déboires corporels. Trois jours avant ma délivrance testostéronée, me voilà complètement *œstro-gêné*. Mes seins et mon cul ont triplé de volume. Mon ventre a gonflé comme si j'étais à trois mois de grossesse. Mes émotions fluctuent comme un électrocardiogramme en pleine arythmie.

C'est à ce moment de ma vie que je suis devenu un monstre de la résilience. J'ai pris la décision de vivre et je me suis fait la promesse d'aimer la vie. Certes, je ressemble à une poupée gonflable honteusement achetée par des hommes en manque de sexe, mais je sais qui je suis. Je me connais et je suis un homme. Un homme à seins, un homme à cul, un homme enceint. À cet instant, je donne un gros coup de pioche au-dessus de ma tête et je remonte de ma crevasse, j'aperçois un filet de lumière qui me caresse doucement le visage pour me réchauffer un peu.

Mes ovocytes sont prêts à être retirés de mon corps. Je me rends donc au service gynécologique de l'hôpital, autrement dit le pire endroit du monde pour un homme trans : « Bien-être de la femme » ; « Endométriose ? Santé des femmes » ; « Femme, femme, femme, femme ! » C'est un peu le centre névralgique de la biologisation des corps. *Si je suis ici, c'est que j'ai une vulve et tout le monde le sait !* Je me sens littéralement à nu, dans un corps qui n'a jamais été aussi *femme*.

« Monsieur, nous allons bientôt vous emmener dans la salle d'opération », me dit l'infirmière.

Je n'en crois pas mes oreilles. *Monsieur ?* D'un seul coup, ce simple mot vient apaiser toute mon angoisse. Il se trouve que la gynécologue avait informé tout le service qu'aujourd'hui, elles opéraient un homme à vulve. Sur mon bracelet d'hôpital, mon morinom s'était vu recouvrir par les lettres épaisses tracées au stylo noir : L É O N.

« Monsieur, nous vous avons retiré quatorze ovocytes en pleine forme, bravo ! m'annonce la gynécologue.

— Magnifique, j'ai toujours pensé que je n'étais pas fertile.

— En revanche, pour l'instant, vous n'y avez pas accès. La loi permet leur utilisation uniquement si vous êtes marié, dans un couple hétérosexuel. Étant donné qu'à ce jour, vous êtes encore F sur vos papiers, il faudrait vous marier à un *H sur papier*. De plus, si vous changez votre genre et vos prénoms, il n'est pas certain que vous serez reconnu comme en étant le propriétaire.

— Pardon ? »

Je lâche ce mot d'un ton nonchalant. Je sors tellement souvent du script que même les lois n'arrivent pas à imaginer que j'existe.

Je décide de remettre ce problème à plus tard. À l'heure où j'écris ces lignes, je ne sais toujours pas si je pourrai accéder à mes ovocytes, qui reposent tranquillement dans un frigo à Genève. *Ovocytes d'homme* n'est pas un concept connu dans notre grand scénario sociétal, je vais devoir forcer son écriture dans nos lois, le jour où je serai prêt à devenir père, si cela me tombe dessus.

***

12 juin 2019 : le jour de ma délivrance est enfin arrivé. C'est la fin de mon cauchemar, je vais enfin ressembler à un homme, je vais enfin me ressembler. Le liquide injecté dans mes muscles va venir me transformer en celui que j'ai toujours rêvé d'être.

Je me demande si c'est la bonne décision. Mon corps va se métamorphoser, ce n'est pas à prendre à la légère. Je me laisse douter, mais je comprends que c'est maintenant qu'il faut être courageux. Ne pas laisser les réticences d'autrui me parasiter l'esprit. Le monde qui m'entoure me transmet ses peurs par transfusion sanguine. Si je montre ne serait-ce qu'une miette de doute, je m'expose au risque de perdre l'accès complet au traitement. Le doute n'est pas un luxe offert aux personnes trans, tant la peur régit nos traitements.

La pointe d'une aiguille large et froide titille la surface de ma peau couvrant mon fessier gauche.

« J'y vais ? demande l'endocrinologue.

— Allez-y », je réponds d'un ton ferme.

L'aiguille transperce ma peau. Son diamètre s'immisce dans mon muscle. Une lourdeur s'empare d'abord de ma fesse pour se propager dans ma jambe, puis progressivement dans le reste de mon corps.

Ma sœur et ma mère m'attendent impatiemment dans la salle dédiée à cet effet. J'enfile mon jean et je les rejoins, sourire aux lèvres, avec l'impression d'avoir accompli quelque chose d'immense. Je marche vers elles, ivre de fierté, prêt à ce que mon corps s'aplatisse et que mes premiers poils poussent sur mon menton. Elles me prennent dans leurs bras, elles aussi fières de leur frère et fils.

Dans la voiture, ma mère appelle mon père et sa voix retentit dans les haut-parleurs :

« Salut chéri, je sors de chez l'endocrinologue avec Léon, il vient de faire sa première injection !

— Oui...

— C'est génial... non ? dit ma mère.

— Euh, pourquoi ?

— C'est une grande étape ! Dis-lui bravo, il t'entend.

— D'accord, bravo, alors ! » dit mon père, la voix pleine de doutes.

Ce bravo reste celui d'un père empli de peurs pour son enfant. La lourdeur d'une inquiétude paternelle ne réussit pas à surpasser ma joie débordante. Cette étape est mienne, j'ai l'impression d'avoir sauté au-dessus de l'obstacle le plus difficile : convaincre le corps médical de m'injecter ce foutu produit.

***

Il est sept heures du matin. J'ai les yeux collés au miroir de ma salle de bains, pas un poil n'a poussé pendant la nuit. Ma voix sonne *toujours* aiguë et ma peau est *toujours* fine. Je ne me ressemble *toujours* pas. Qui est cette personne qui me fixe en retour ? Je pensais qu'elle était partie. Mes espoirs de la veille se retrouvent balayés et je réalise que le plus difficile est encore devant moi.

La testostérone ne modifie pas un corps en une nuit. Malgré mes prières, l'hormone modifie l'apparence progressivement, lentement, au gré de son acceptation par le corps. Cette vérité vient m'achever. Je n'avais pas eu l'espace mental de m'y préparer. Focalisé sur les démarches afin d'y avoir droit, son caractère progressif m'avait échappé. Certains effets de la testostérone ne deviennent irréversibles qu'après un certain temps de prise. Les premiers mois sont calmes en changements, mais permettent déjà de percevoir si les effets masculinisants apportés par le produit sont ceux qu'il nous manquait pour être nous-mêmes.

C'est tellement progressif que mon œil était incapable de percevoir l'avancée de ma puberté provoquée. Je n'ai pas entendu la chute de ma voix ni vu ma peau s'épaissir. Pourtant, je scrutais chaque centimètre carré de l'enveloppe corporelle qui était en train de devenir mienne. Chaque matin, à peine sorti du lit, je courais à la salle de bains pour observer les changements tant attendus. Toutes mes journées commençaient par la même déception : *c'est qui cette meuf ?* Je ne me ressemblais toujours pas et mon cœur se serrait. Combien de temps allais-je encore tenir dans ce décalage meurtrier ?

Ma moustache, mes muscles, ma voix grave et ma mâchoire carrée me paraissaient si lointains. Le refus de mon endocrinologue de me donner la dose complète de testostérone les avait fait s'éloigner encore plus. Sa peur m'enfonçait dans ma crevasse, je glissais le long des parois glacées.

Au bout de quatre longs mois d'attente, j'ai droit à ma deuxième demi-dose.

« Je pourrais avoir la dose complète, s'il vous plaît ?

— Je ne suis pas certaine que vous soyez prêt, il se peut que ça ait un impact négatif sur votre corps, restons prudents ! »

La peur doit changer de camp. Ce qui me fait peur, c'est ce qu'il m'arrivera si les changements ne font pas leur apparition sur mon corps, pas le contraire ! Alors oui, soyons prudents et donnez-moi la dose complète. De plus, la testostérone est une hormone déjà présente dans notre corps. Les femmes cis ont de la testostérone, en moins grande quantité que les hommes cis. Les risques médicaux sont moindres. Ils tournent principalement autour d'une augmentation du nombre de globules rouges dans le sang ainsi que de risques cardio-vasculaires*. La réelle peur n'est pas médicale, mais sociétale.

Vous, vous avez peur qu'on regrette, qu'on subisse de la transphobie, que vous soyez associé·es à un scandale médical, ou que vos ami·es vous trouvent trop laxistes dans l'administration des hormones. Nous, nous avons peur de ne pas survivre. Nous avons peur du regard des autres, dégoûté·es par nos transitions. Nous craignons que ça ne fonctionne pas, ou que ça aille trop lentement ou trop vite. Nous avons peur de regretter, de nous tromper, mais surtout que vous sentiez cette peur. En fait, nous avons surtout peur de *vous*. C'est votre non-acceptation de nos transitions qui nous fait le plus peur, le rejet d'une mère, d'un père, d'un·e ami·e, d'un·e partenaire ou d'un·e patron·ne.

Et si tu regrettes ?

Cette question hante toutes les personnes trans qui désirent entamer une transition. Le regret, le retour en arrière, la menace de la détransition se place comme le premier ennemi de nos accès aux soins de transition.

---

* Krishnamurthy, N., Safer, J. D., Slack, D., Madsen, M. C., « Erythrocytosis is rare with exogenous testosterone in gender-affirming hormone therapy », *The Journal of Clinical Endocrinology & Metabolism*, *106*(6), 2021, 1710-1717.

La plupart des études s'accordent pour dire qu'il y a entre 1 % et 3 % de personnes transgenres dans la population générale*. Ce pourcentage compte toutes les personnes trans : femmes trans, hommes trans, personnes trans non binaires. Celles qui amorcent le fameux *retour en arrière* représentent 0,47 % des personnes trans**. Il existe des pourcentages de détransition plus élevés, mais ils ne prennent pas en compte la raison du retour en arrière, qu'il s'agisse d'une grosse erreur sur son identité, et donc d'un réel regret, ou d'un rejet parental si puissant que l'abandon de la transition est la seule option. Pourtant, une attention toute particulière est donnée à ces expériences de détransition.

Les médias s'emparent de ces histoires comme s'ils avaient découvert un nid de pépites d'or pendant le Gold Rush. Pourquoi ? Car ces pépites permettent de cultiver la peur, elles sont un excellent argument pour garder et créer de nombreuses barrières qui obstruent nos chemins de transition. Le plus souvent, les cas de détransition mis en avant sont des détransitions sociales, c'est-à-dire une personne qui a testé un nouveau prénom pendant un certain temps, sans avoir entrepris de démarche médicale, pour finalement se rendre compte qu'elle s'est trompée et que la source de son malheur réside ailleurs. Mais ce sont ces expériences de détransitions sociales qui sont utilisées pour limiter nos transitions médicales.

Il est absolument certain que la visibilité accordée à ces détransitions repose sur un motif autre que la protection des individus d'eux-mêmes. Il suffit de comparer avec d'autres choix de vie « irréversibles ». Notons par exemple que 14 % des parents regrettent d'avoir eu des enfants***. Où sont les lobbys antiparentalité de prévention contre la décision irrévocable d'avoir des enfants ?

---

* Ipsos, « LGBT+ Pride 2023 Global Survey Report ».

** Davies, S., McIntyre, S., Rypma, C., « Detransition rates in a national UK Gender Identity Clinic », *GenderGP*, 2019.

*** Piotrowski, K., Mikolajczak, M., Roskam, I., « I should not have had a child: Development and validation of the parenthood regret scale », *Journal of Family Psychology*, 2023.

Ils n'existent évidemment pas, car la procréation est un pilier fondamental des sociétés capitalistes, alors que les transitions de genre viennent les ébranler. Dans nos sociétés patriarcales, les femmes se doivent d'avoir des enfants. On leur enseigne que leurs caractéristiques biologiques de femelles placent la maternité comme l'essence de leurs vies. Une vérité presque incontournable, « naturelle ». L'existence même des personnes transgenres vient déranger l'entièreté du système sexe-genre patriarcal religieusement appliqué.

Si une personne née avec une vulve et les chromosomes XX peut être un homme, qu'est-ce qui définit le fait d'être un homme ? N'est-ce pas inné pour les hommes d'avoir l'ascendant sur les femmes ?

> L'homme est fort ou, en tout cas, plus fort que les femmes. Il *pénètre* les femmes, il est moins émotionnel et c'est à lui que reviennent les prises de décisions importantes.
>
> La femme, elle, est plus douce. Elle est peut-être plus développée émotionnellement que l'homme, mais elle est plus docile. Moins ambitieuse, elle aime se faire pénétrer, s'occuper du foyer et se faire protéger par un homme fort.

Cette vision binaire est ancrée dans la biologisation des corps. Nos différents taux hormonaux et nos parties génitales dicteraient nos personnalités, nos libidos et notre place hiérarchique dans ce monde.

Alors que faire lorsqu'un homme n'est pas né avec un pénis, qu'il n'a pas les caractéristiques « naturelles » ou « biologiques » d'un homme ? Cela implique que le genre n'est pas réellement inné, mais socialement enseigné.

Voilà la raison pour laquelle nous ne bénéficions pas de l'autodétermination de nos corps trans : nos transitions ébranlent une des bases les plus importantes des sociétés occidentales.

OBSTACLE NUMÉRO 3 : LA TRANSPHOBIE SOCIÉTALE

Chaque vendredi, j'immortalise mon corps. Je prends une photo de mon visage, de mon torse et j'enregistre ma voix. Ces pauses dans le temps me permettent de percevoir mon voyage corporel.

« Salut ! Moi, c'est Léon et ça, c'est ma voix après une semaine de testostérone. »

Cette phrase retentit comme une balise dans mon voyage. Je la répète machinalement, chaque semaine, rempli de l'espoir qu'elle sonnera plus grave que la semaine précédente.

Le premier pas vers mon corps rêvé a été l'arrêt de mes menstruations. Ceci n'a été possible qu'à partir du moment où j'ai changé d'endocrinologue et que l'on m'a accordé les doses complètes à dix semaines d'écart. Plus de réveil dans une culotte ensanglantée, plus de tampons, plus de *cup*, plus de syndrome prémenstruel. Adieu à ce stress paralysant qui surgit brutalement lorsqu'un liquide s'infiltre dans mon pantalon, laissant apparaître une grosse tache rouge sur le tissu d'un siège de bus bondé. Les autres ont ensuite remarqué ma voix qui s'approfondissait. Changer de voix, c'est comme changer de peau. Avant ma transition, on me disait souvent que j'avais une voix grave, *pour une fille*. Désormais, j'avais une voix aiguë, *pour un garçon*. Puis est venue la mâchoire. Une de mes photos m'indique que ma structure faciale s'est modifiée, un carré est venu remplacer un rond, incrustant de la dureté à mon visage doux. Ma peau a commencé à se préparer à l'accueil des poils tant attendus. Je savais que le jour où j'aurais une pilosité faciale, plus jamais personne ne m'appellerait « madame », ce mot qui me faisait glisser au fond de ma crevasse. Mais ce fut long. Une attente interminable.

Mes poils cherchaient à se faire désirer. J'ai décidé d'y remédier avec les moyens du bord. Ciseaux dans la main droite, une mèche de cheveux dans l'autre, je serre fort et quelques mèches tombent dans le lavabo de ma salle de bains. Je réduis ensuite ces mèches minutieusement en faux poils, que je colle au-dessus de ma lèvre avec du beurre nourrissant. Une technique élaborée pour que mon corps crie « C'est monsieur ! » à la place de mon esprit épuisé. Je n'avais plus de patience. Je décide de prendre les devants et de moi-même modifier mon corps avant le produit que je trouve fainéant. Je me rends à la salle de sport et je muscle toutes les parties de mon corps qui hurlent « garçon ». À commencer par mes pectoraux cachés sous mes seins, mes biceps et mes épaules.

La gloire paralysante

Ici commence ma relation quelque peu toxique à la masculinité. Encore aujourd'hui, je vis dans la perpétuelle peur qu'autrui ne me perçoive pas comme un *vrai mec*. Je cherche à surcompenser par un corps surmusclé et des performances sportives éclatantes, meilleures que celles des hommes cisgenres. Je cours derrière une apparence qui ne m'a jamais été offerte, celle de l'homme cis. On demande bien trop souvent aux personnes transgenres de ne pas reproduire les stéréotypes sexistes dont une partie de la société essaie de s'éloigner. Les femmes trans sont priées de ne pas trop se maquiller ou porter de talons, car « une femme, ce n'est pas que ça », leur expliquent de façon condescendante les femmes cisgenres. Les hommes trans sont priés de ne surtout pas devenir des masculinistes testostéronés qui ne pensent qu'au cul et à la gonflette.

Au début de ma transition, j'ai suivi ce paradigme. Hors de question pour moi de faire partie des hommes blancs cisgenres hétérosexuels alors qu'il y a deux minutes j'étais activiste lesbienne ! Je me laisse expérimenter avec le genre. Je suis un homme, mais un homme qui conteste la masculinité hégémonique. Je porte des jupes, parfois du maquillage, ou juste des chemises un peu fleuries. Un soir, je suis à la gare avec ma copine. Nous partageons un baiser cinématographique. Toujours méfiant de mes démonstrations amoureuses publiques, je garde un œil ouvert même si mes lèvres sont occupées à un travail langoureux. Au vu de mon apparence ambiguë d'homme non masculiniste, je ne suis pas étonné d'apercevoir un groupe de deux hommes et une femme nous fixer, puis s'approcher d'un pas agressif. Instinctivement, je m'écarte de ma copine et me place devant elle.

« T'es une fille ou un garçon ? me lance le premier homme, qui doit faire pas loin du mètre quatre-vingt-dix.

— Vous êtes lesbiennes, c'est ça ? » dit la femme, avec dégoût.

Je reste figé. La gare grouille de monde, chacun·e déterminé·e à prendre son train à l'heure. La rage et la honte submergent mon corps meurtri par la déception de ne pas avoir l'air de qui je suis. Mais surtout par le danger dans lequel me plonge l'ambiguïté. Le temps s'arrête face au troisième obstacle : la violente transphobie dès lors que l'on sort du scénario prévu. La testostérone a amorcé une androgénie dans mon corps. Les regards se posent plus longtemps sur moi, le temps de jouer au jeu : *c'est une fille ou un garçon ?* Un jeu qui ne fait que me rappeler que je n'ai pas encore l'air d'un garçon. Un jeu qui fait paniquer les gens qui ne trouvent pas la réponse. Mon existence dérange, ma liberté hors des cases force les questions sur soi-même, des questions qu'on n'a pas eu le courage d'amorcer.

À la seconde où je m'élance sur le groupe avec une rage incontrôlable, je reçois une masse épaisse et visqueuse sur le front. Un gros glaire craché par la femme du groupe. Les éclats de rire de ses deux acolytes recouvrent le bruit assourdissant d'une gare aux heures de pointe. Mon cerveau envoie des signaux de mouvement à mes membres qui font les morts. Plus rien ne bouge, plus rien ne se passe. Je me range dans la foule pour m'effacer, tout arrêter.

Cette période de transition médicale est un combat perpétuel et épuisant. Chaque jour, j'avance dans mon ascension, mais les obstacles malicieux se font de plus en plus nombreux. Avant, je dérangeais en tant que lesbienne, mais ce n'était pas écrit sur mon visage. Désormais, ma simple apparence provoque du dégoût. Dès que j'ai l'impression d'avoir enfin l'air d'un homme, on me rappelle aussitôt à l'ordre.

Mon fils

En voyage avec ma famille, nous arrivons en groupe à la sécurité de l'aéroport. Mon passeport indique toujours un prénom féminin et le genre F. Pourtant, mon visage commence à raconter une tout autre histoire. Première angoisse : mes papiers ne me ressemblent pas. Deuxième angoisse : dans mon slip, je porte une prothèse qui me permet d'uriner debout. Cette prothèse est plutôt massive et j'ai peur qu'on la prenne pour un objet dangereux. Je me vois déjà la balancer dans les airs en me justifiant. *Voilà ma bite, oui elle est en plastique, mais bien plus grosse que la tienne, connard.* Troisième angoisse : la fouille genrée. Seul·e un·e agent·e du même genre que toi a le droit de te fouiller. La file avance. Chacune de mes vertèbres se presse contre sa voisine. Mes parents sont encore en phase d'acceptation de notre nouvelle configuration familiale. Mon genre et mon prénom ne font pas encore partie de leur normalité. Je perdrais toute crédibilité si des inconnu·es me genrent au féminin devant eux.

Je pose mon sac sur le tapis roulant. Je me rappelle que j'ai une autre bite dans ma valise (oui, j'en ai plusieurs). Je la vois briller sur l'ordinateur de l'agente de sécurité. Une goutte de sueur perle sur mon front, et entre mes seins, c'est le déluge. Néanmoins, j'essaie de garder la face et je me place à l'entrée du portique de sécurité. Deux agent·es, une femme et un homme, se trouvent en face de moi. C'est le moment où l'on doit me faire signe d'avancer. Rien ne se passe. Je reste de l'autre côté de la frontière imaginaire, immobile et confus. Les agent·es se regardent, échangent des regards de panique et explosent de rire. Impossible de me ranger dans leurs cases habituelles : fille ou garçon ? Ne sachant pas quoi faire, je décide de les laisser dans cette gêne, trop préoccupé par la menace de ma bite. Au bout de deux minutes de rires dégradants, l'homme s'avance vers moi, la larme à l'œil :

« Désolé, on ne sait pas, tu es une fille ou un garçon ?

— Un garçon », dis-je timidement.

Une fois leurs inquiétudes apaisées, l'homme me donne une bonne tape masculine sur l'épaule l'air de dire : « Ah merde, courage, mec. Ça ne doit pas être facile, ta vie. » Il me fouille et poursuit ses ricanements avec sa collègue.

Je récupère ma valise sous l'œil jugeant de l'agente de sécurité qui a vu ma prothèse sur son écran. Mes vertèbres se détendent. Mes joues s'éclaircissent et ma sueur sèche. Mon paternel marche à mes côtés. Barbe de trois jours saupoudrée d'un duvet blanc, il a une carrure de rugbyman. Massif et sportif, ses traits secs et sa mâchoire carrée contrastent avec son âme douce, remplie d'un amour inconditionnel pour sa femme et ses enfants. Un amour qu'il tient probablement de sa mère, Trudie, un cœur en marshmallow de mère en fils. Malgré son côté parfois tranchant, il ne nous a jamais laissé, ma sœur et moi, douter de la solidité de cet amour. Avec lui, j'ai toujours baigné dans une sécurité infinie. Passeports à la main, il aperçoit une femme de son âge lui souriant à pleines dents :

« Didier ! Comment ça va ? Ça fait des années que je ne t'ai pas revu...

— Valérie ! Je vais bien, merci. Et toi ? »

Je sens les yeux interrogatifs de Valérie se déposer sur moi.

« Je te présente mon... ma... »

Ma main part à la vitesse de la lumière pour empêcher le pire. D'une poignée sèche et confiante, je m'impose : « Enchanté. Léon. »

Je sens la tristesse envahir mon paternel. Nous continuons notre chemin dans cet aéroport bondé. Mon cœur est lourd et constamment sous tension, à l'affût de la prochaine offensive à contrer.

« Je suis désolé, je n'arrive pas encore à le dire. »

Mon fils : je cours après ces termes depuis quelque temps maintenant. Ces deux mots constitueront une validation complète de mon identité. Le jour où mon père parlera publiquement de *son fils*, je bondirai en haut de ma montagne, écourtant mon ascension en contournant des obstacles majeurs, peu significatifs à côté de cette validation paternelle.

Fête en terrain connu

De sortie avec mon ami Salomon, nous cherchons à passer une soirée arrosée de vin et de bonheur *queer*. Lui est homosexuel et moi j'explore ma nouvelle identité d'homme. Grâce à la testostérone, on ressemble sûrement à un couple homosexuel. Après toutes ces années à subir le harcèlement scolaire, nous estimons qu'un peu de célébration est à l'ordre du jour. Les rues deviennent notre lieu de fête. Main dans la main, on court le long des voitures endormies. Nos ongles sont peints et nos visages couverts de paillettes. Nos rires sont puissants et résonnent sur les murs d'une ville froide. On fume, on danse, l'alcool nous libère de toute restriction de comportement. Arrivés sur une grande place de sable rouge, on voit deux hommes foncer vers nous. Leurs baskets blanches sont recouvertes de ces gravillons. Le premier me regarde de haut en bas en tirant sur sa cigarette sans filtre : « Toi, t'es un homme ou une femme ? » Salomon répond plus rapidement qu'une balle quittant un pistolet : « Mais c'est un homme bien sûr ! »

Les deux hommes tirent une dernière latte sur leur clope avant de nous agripper par les épaules. Ils nous enlacent pour bloquer nos corps. Je lance un coup d'œil à Salomon, et je le vois se débattre et prendre la fuite. D'un coup sec, je pose mes mains colorées sur le torse de l'homme qui m'agrippe et je le pousse fort. Je rejoins Salomon dans sa fuite. Nos rires et nos danses n'ont pas leur place entre les murs froids. Notre déambulation dans les rues genevoises n'a plus le même goût : nous cherchons un abri.

> La binarité de genre, ancrée dans notre monde plus profondément que la montagne que j'essaie de gravir, empêche les personnes trans d'expérimenter librement avec le genre. **La déconstruction des stéréotypes de genre est le luxe de celui ou celle né·e dans le bon genre.** *Nous*, nous ne pouvons pas expérimenter avec le genre. Je ne peux pas embrasser les facettes féminines ou non toxiques de ma masculinité sans m'exposer à de la violence. Un homme cisgenre et hétérosexuel qui se peint les ongles afin de démontrer sa déconstruction ne verra jamais sa nature d'homme fondamentalement remise en question. Si je me permets un tel écart, le mot « travelo » sortirait bien trop vite des bouches aux alentours. Les femmes trans, particulièrement les femmes trans racisées, sont encore moins en mesure de défier les stéréotypes de genre qui pèsent sur les femmes. Si elles ne s'emparent pas de toutes les

techniques pour *passer** – à travers des accessoires, des comportements ou des attributs considérés comme féminins –, elles sont les plus exposées à la violence. Entre 2008 et 2023, plus de 4500 femmes trans et personnes transféminines ont été assassinées à travers le monde**.

Ce n'est pas à nous, les personnes trans déjà marginalisées, de porter à bout de bras la déconstruction des stéréotypes de genre. Nous, notre unique job est de *survivre,* ou plutôt de *vivre*.

Code chromosomique

L'augmentation de la testostérone dans mon corps vient progressivement diminuer mes déceptions face à la perception féminine de mon corps dans l'espace public. Plus mon corps va se normaliser, moins je subirai d'agressions dans la rue. Mais mon exposition publique sur les réseaux sociaux me retirera mon *passing* de mec, même avec la petite barbe que j'ai réussi à faire pousser. Certaines personnes me reconnaissent à cause de mon exposition numérique et ne peuvent s'empêcher de partager avec moi leur point de vue sur mon existence.

Je descends en trombe les escaliers de mon immeuble. Derrière moi flotte une odeur mentholée, celle qui suit tant d'hommes s'improvisant tombeurs au prix de *One million* – merci à la stratégie marketing pointue de Paco Rabanne. Je suis en retard pour rejoindre mes ami·es. Sur la route, je m'arrête pour acheter un pack de bières dans une épicerie du quartier. Le commerçant, un homme d'une trentaine d'années, a une longue barbe brune et de grosses boucles d'oreilles noires. Il m'emmène hors de son épicerie pour me présenter les différentes bières qu'il produit ou achète à de petites brasseries locales. Sur le trottoir, nous partageons un rire bromantique autour des saveurs aigres des bières. Au loin, j'aperçois un homme d'une soixantaine d'années, lui aussi orné d'une barbe, mais blanche. Il me

---

* Passer, *passing* : avoir l'air cisgenre.

** Jackson, S. S., Brown, J., Pfeiffer, R. M., *et al.*, « Analysis of mortality among transgender and gender diverse adults in England », *JAMA Netw Open*, *6*(1):e2253687, 2023. doi:10.1001/jamanetworkopen.2022.53687

fixe, je sens son regard lourd sur mon corps. Il marche dans notre direction, de plus en plus vite. Arrivé à notre hauteur, il s'interpose entre le vendeur et moi, ne laissant que quelques centimètres entre nos deux visages.

« Vous, je vous connais.

— Ah bon ?

— Oui, je vous ai vu dans une émission. Vous êtes cette femme qui a changé de sexe !

— Monsieur...

— Non, mais c'est très bien, je suis ouvert d'esprit, je me demandais juste quel est votre code chromosomique.

— Monsieur...

— Non, mais je voudrais juste savoir quels sont vos chromosomes ! »

Le vendeur de bières me lance un regard confus, rentre dans son établissement et ferme la porte.

« Écoutez, si vous avez des questions sur les chromosomes, je vous laisse utiliser Google. »

Je quitte le trottoir, j'arriverai les mains vides à mon dîner.

LA CULTURE DU CORPS

Les premiers signes des effets de la testostérone commencent à apparaître sur mon corps. Pourtant, le stress de mon phénotype ne quitte pas mon quotidien. J'avance vers la ressemblance entre mon corps et mon esprit, mais je suis encore loin du compte.

Je décide que la prochaine étape sera l'ablation d'attributs bien trop liés à ce que la société définit comme appartenant à une femme : mes seins. Jusqu'à présent, ils n'avaient pas été source d'une grande douleur. Mis à part les garçons qui se plaignaient de leur petite taille durant toute ma vie de jeune fille, leur existence ne m'avait jamais vraiment dérangé. Je priais même pour leur apparition lorsque j'étais plus jeune. Toutes mes copines passaient les « étapes de femme » avant moi. J'étais toujours en retard dans ces stades monstrueusement importants pour placer les filles comme désirables, à un si jeune âge.

Avec mon affirmation en tant qu'homme, ma poitrine était devenue mon ennemie. Je ne sortais plus sans mon *binder*. Avoir un torse plat était devenu plus important qu'avoir des voies respiratoires non obstruées. Le *binder* fonctionnait comme une addiction malsaine. Il m'apaisait à la seconde où je le portais mais, à la longue, je le sentais progressivement m'étouffer. Il me rendait claustrophobe dans mon propre corps, enfermé dans le *passing* qu'il m'offrait. En public, il me protégeait comme un bouclier contre le mégenrage.

Si je n'ai pas de seins, je ne suis pas une femme.

Je suis dans un bus bondé. Je ressens cette pression familière que j'aime tant, le *binder* me compresse le torse comme à son habitude. Mais une vague de chaleur envahit progressivement mes membres, me laissant le souffle court, étouffé par la compression du gilet. Je glisse mes doigts sous ses coutures désormais mariées à ma peau. D'un mouvement décisif, je le retire. Pour les gens à bord, je deviens une femme seins nus à l'heure de pointe dans un bus public. Cette infraction pénale ne dure que quelques secondes, car je remets aussitôt mon tee-shirt blanc serré.

Il y a deux secondes à peine, ce bout de tissu fonctionnait comme une preuve explicite de mon genre. Il me collait au torse, sans bosse, j'étais donc un homme. Désormais, mes seins sont découverts et mes tétons sont comme des putains de phares de camion en pleine nuit.

Je ne supporte plus ces petits monts qui me catégorisent au mauvais endroit. Je ne veux plus seulement rêver d'un torse plat, j'en veux un, et vite.

Je n'ai pas d'autre option que de me relancer dans des démarches administratives sans fin qui me rapprocheront du torse dont je rêve. Je me renseigne sur les différent·es chirurgien·nes qui exercent dans ma région. Je réussis à obtenir un rendez-vous trois mois après ma décision de me faire opérer. Je suis désormais habitué à ce genre de délais, mais toujours déçu du temps d'attente alors que je souffre *maintenant*. J'obtiens un rendez-vous le 7 juin 2019, quelques jours avant ma première dose de testostérone.

Mes parents et Joséphine m'accompagnent à mon premier rendez-vous chez la Dr Greta. Plein d'espoir, je me réjouis de rencontrer celle qui va me délivrer de ce torse limitant. Comme je suis en pleine cure d'œstrogènes afin de préparer ma congélation des ovocytes, mon corps crie « FEMME ». Mes seins n'ont jamais été aussi massifs. La chirurgienne m'informe qu'au vu de la taille de ma poitrine, une double incision sera nécessaire. Qui dit gros seins dit grosses cicatrices sous les tétons. C'est la première fois que ma poitrine est décrite avec des adjectifs liés à la grandeur. Bizarrement, une partie de mon âme adolescente y trouve un sparadrap recouvrant des années de harcèlement dû à l'absence de seins. Les grandes cicatrices ne me font pas peur. Au contraire, je suis heureux de les accueillir, car elles représentent un marquage identitaire fort. Elles sont le symbole de la transmasculinité, m'offrant un sentiment d'appartenance à un groupe.

La Dr Greta m'explique que tous les corps ont des pectoraux et que si je les muscle, les masses graisseuses diminueront et me rapprocheront de la possibilité d'une chirurgie aux cicatrices invisibles. La méthode par incision péri-aréolaire est une ablation des seins sans cicatrices évidentes, qui se trouvent autour des tétons. L'absence de cicatrice libère le torse de toutes les questions du type : « Tu t'es fait quoi là ? C'est quoi ces cicatrices ? T'as eu un problème de cœur ? », me rapprochant un peu plus de la masse grise de gens après laquelle je semble courir depuis tant d'années.

La chirurgienne me propose une date en novembre de la même année. Cette échéance vient calmer mon bouillonnement interne en délimitant distinctement ce que je pense être ma dernière période de souffrance. Elle m'explique que l'assurance maladie doit encore valider le remboursement et qu'une fois cette validation reçue nous pourrons nous préparer pour l'opération.

Après ce rendez-vous, je suis focalisé sur le développement de mes pectoraux, cachés sous des amas de graisse non désirés. Mon but n'est pas forcément d'éviter les cicatrices, mais plutôt de réduire les masses graisseuses qui ont décidé d'entamer leur puberté au pire moment de ma vie.

LA SALLE DE SPORT

Je pousse la porte vitrée d'une salle de sport proche de chez moi. C'est un espace qui me terrifie : hommes qui respirent avec violence, poids surhumains et comparaisons de muscles.

Dans une grande inspiration, je rassemble toute la force qu'il me reste pour sortir la voix la plus grave nichée au plus profond de ma gorge :

« Bonjour, j'aimerais m'abonner à votre salle de fitness.

— Pas de problème, il faut remplir ce formulaire : nom, prénom, âge, genre, répond sans me regarder la réceptionniste.

— Avez-vous besoin de ma carte d'identité ? dis-je, préparant mon coup.

— Non, vous avez juste à remplir ce formulaire et à payer », dit-elle les yeux collés à son ordinateur.

Soulagé, je remplis le formulaire avec mon prénom et mon genre choisi, sinon je devrai aller dans le vestiaire des femmes, la plus grande insulte à la bataille que j'ai amorcée.

« Vous êtes un homme ? demande la réceptionniste en lisant le formulaire que j'ai fièrement rempli.

— Oui, enfin, un homme trans.

— Ça veut dire quoi ?

— Je suis un homme. »

Elle me fixe, fronce les sourcils, prends une grande inspiration et demande :

« Vous allez dans quel vestiaire ?

— Chez les hommes. »

Je me tiens droit, mes yeux ne quittent pas les siens tant qu'elle n'a pas approuvé mon identité et accepté de me guider vers les vestiaires dans lesquels j'ai toujours rêvé d'entrer. Elle acquiesce et me présente la salle. Elle pointe du doigt le vestiaire des hommes et me souhaite la bienvenue chez eux.

La pression retombe un peu. J'ai réussi à passer le premier obstacle : la police du genre bureaucratique. Je pousse la porte du vestiaire marqué du sigle universel de l'homme. C'est la première fois de ma vie que je découvre ces espaces réservés explicitement aux hommes. À ma grande surprise, ils s'y baladent nus, sans complexe, pénis à l'air. Je prends une grande inspiration, une odeur nauséabonde colonise mes narines : ah ! Le parfum de la liberté ! Je trouve le casier le plus proche de la porte de sortie. J'y dépose mon sac, j'enfile mes chaussures et je cours hors du nuage puant la testostérone et la pisse.

Mes seins sévèrement plaqués sous mon tee-shirt XXL, je laisse mes jambes frêles me guider entre les machines et les muscles pour arriver au secteur poids libres. Cette zone de la salle de sport est une prolongation du vestiaire dont je viens de m'échapper ; c'est de la non-mixité implicite.

Je me retrouve entre deux montagnes de muscles qui crient à chacun de leurs efforts. Après avoir soulevé des haltères massifs, ils les balancent à terre, inondant la salle du bruit assourdissant de leur satisfaction la plus pure.

Je n'ai jamais fait de musculation de ma vie. J'ai toujours pratiqué beaucoup de sport, mais pas dans l'unique but de me muscler. Je débute en apprenant de vidéos YouTube où des mecs torse nu sculptés comme des dieux grecs montrent la voie vers leur corps idéal. Je me sens comme un intrus dans un espace aux codes qui me sont encore inconnus. Je suis une licorne parmi les étalons, j'ai l'impression de luire dans la nuit. J'attrape deux haltères qui ressemblent à des crayons pour enfants comparés à ceux que je vois dans les mains des dieux grecs qui m'entourent. Je me couche sur le dos et j'essaie d'appliquer ce que j'ai visualisé il y a cinq secondes sur mon téléphone. Sans surprise, je sens le regard des hommes sur mon corps. Leurs yeux sont des lasers condescendants et désapprobateurs. J'ai l'impression d'entendre leur voix : *une femme ne devrait pas travailler ses pectoraux*. Au moment où je me lance dans l'exercice, l'un d'eux apparaît derrière moi et m'attrape les bras.

« Woah ! c'est pas du tout comme ça qu'on fait !

— Euh, tu peux me lâcher, s'il te plaît, dis-je en essayant d'imposer ma masculinité, sans succès.

— Attends, je te montre juste le mouvement. »

Ses mains vissées sur mes poignets, l'homme guide mes bras dans le mouvement qu'il connaît par cœur. Ma bouche est scellée, j'aurais envie de crier « Casse-toi, trou du cul ! », mais j'en suis incapable. C'est seulement après douze répétitions qu'il me libère.

« Voilà, mémorise bien ce mouvement, sinon tu pourrais te faire mal », lâche-t-il avec un sourire qui me donne la chair de poule.

De retour dans les vestiaires, je décide de m'y doucher. Je pourrais très bien rentrer chez moi et tranquillement utiliser ma salle de bains non genrée, mais je me résigne à mener une bataille de plus. J'ai besoin de me prouver à moi-même que je suis un homme et que j'appartiens à cet espace, tout autant que les autres ici présents. Je porte une serviette comme une écharpe autour du cou pour qu'elle vienne dissimuler les bosses sur mon torse qu'on appelle encore des seins. Une autre serviette entoure ma taille pour cacher l'absence de la carte de membre de ce vestiaire. Je cours sous la douche, j'enchaîne cinquante scénarios catastrophes dans ma tête – dont recroiser *M. J'vais tout t'expliquer* –, je me sèche et je me casse.

> *C'est vrai que les vestiaires sont compliqués pour les personnes trans.* Si tu es une femme cisgenre, tu pourrais être tentée de dire en pensant aux femmes trans : « Mais moi, je ne veux pas d'homme dans mes vestiaires, c'est dangereux. » Ou tu pourrais aussi t'inquiéter pour moi, me trouver fou d'aller dans les vestiaires des hommes alors que je suis encore perçu comme une femme.
>
> La séparation des vestiaires entre hommes et femmes n'est pas pensée pour nous, les personnes *queer* et trans. Mais cela ne signifie pas que nous n'avons pas notre place dans ces espaces. Cette division rigide nous exclut des activités communautaires et sportives, qui sont pourtant essentielles à notre bien-être mental et physique.
>
> Après mon coming out lesbien, les vestiaires des filles au basket étaient tantôt un paradis lesbien, tantôt un lieu de violences et de rejet. À l'école, certaines filles me regardaient avec méfiance, convaincues que je pourrais les mater, juste parce que j'étais attiré par les femmes. Avec

ma transition, les vestiaires sont devenus un champ de bataille pour affirmer mon identité.

Les femmes trans, en particulier, subissent une immense pression lorsqu'elles osent entrer dans ces espaces réservés aux femmes. Elles sont souvent vues comme des prédatrices, prêtes à agresser sexuellement d'autres femmes. Ce serait même la seule raison de leur transition : accéder à ces espaces pour leur plaisir personnel.

Regardons les faits : la majorité des agressions sexuelles, environ 90 %, sont commises par des hommes cisgenres*. Les victimes connaissent souvent leur agresseur, il fait partie de leur entourage**. Ces violences ont lieu principalement dans des espaces privés, loin de l'image caricaturale des agressions dans les lieux publics comme les vestiaires. En réalité, les agressions sexuelles dans ces espaces publics sont extrêmement rares, elles représentent seulement 0,1 % des cas rapportés***.

Alors, pourquoi blâmer les femmes trans ? Elles ne représentent aucun danger ; au contraire, elles sont parmi les plus vulnérables. Près de 47 % des femmes trans ont été agressées sexuellement au cours de leur vie****, un chiffre bien supérieur à celui des femmes cisgenres. Leur présence dans les vestiaires des femmes n'est pas motivée par une intention malveillante, mais par leur identité de femme ainsi que leur besoin de sécurité et de respect.

---

* Lachapelle, M., Gagné, D., Poitras, D., « Statistiques sur la violence sexuelle », Institut national de santé publique du Québec, dernière mise à jour : 24 septembre 2024.

** *Ibid.*

*** Cournoyer, C., Tremblay, P., « La violence sexuelle dans les relations de couple : analyse des données de l'enquête sociale générale de 1999 », *Les Cahiers de la sécurité publique, 47*(1), 2022, 37-58.

**** James, S. E., Herman, J. L., Rankin, S., Keisling, M., Mottet, L., Anafi, M., « The report of the 2015 U.S. transgender survey », National Center for Transgender Equality, 2016.

Si tu croises une femme trans dans un vestiaire, rappelle-toi que ça lui coûte beaucoup plus à elle qu'à toi d'être ici. Elle ne représente aucun danger, bien au contraire, c'est elle qui prend le risque.

AU REVOIR, TORSE DE TOUJOURS

En juillet, je reçois un appel de ma chirurgienne, la Dr Greta :

« Monsieur Chappuis, je suis navrée, mais nous allons devoir décaler votre date d'opération. » Ces mots viennent piétiner mes doigts alors accrochés au rebord de ma crevasse, prêts à recommencer mon ascension vers mon sommet. « Nous avons reçu une lettre de refus de remboursement, invoquant une clause de non-certitude, renchérit-elle.

— Comment ça ? Ça veut dire quoi ? réussis-je à marmonner de mes lèvres tremblantes.

— Les médecins de l'assurance trouvent que vous allez trop vite, que ça fait trop peu de temps que vous avez votre certificat de dysphorie de genre et que vous ne pouvez pas être réellement certain que vous voulez cette chirurgie. »

Effondré, je suis envahi par la rage : *je ne peux pas disposer librement de mon corps*. Tout ce que je désire, c'est atteindre le phénotype qui me correspond, pourquoi ça vous dérange autant ?

« Comment je vais faire pour m'en sortir ? dis-je calmement.

— Il faut soit attaquer votre assurance en justice, soit en changer*. Revenez vers moi lorsque vous avez fait le nécessaire. »

---

* En Suisse, contrairement à la France, il est possible de choisir le prestataire de son assurance maladie. On peut en changer chaque année, mais elle reste obligatoire.

Le téléphone sonne vide au bout du fil. Je suis incapable de redescendre l'appareil de mon oreille. Je suis bloqué, le regard perdu dans l'espace devant moi.

C'est trop difficile. Je me sens dépossédé, enlevé de mon corps, restreint par des peurs sociétales qui pourrissent ma vie. Je ne me laisse pas tomber trop bas. Je décide de continuer à me battre, mais j'arrive au bout de mes ressources.

Je décide de changer d'assurance maladie afin de m'épargner une bataille en justice épuisante, remplie de juges transphobes. En Suisse, nous ne pouvons changer d'assurance qu'au 1er janvier de l'année suivante. Arrive le 1er janvier 2020. Je recontacte la chirurgienne au bistouri réparateur. Elle m'annonce que ma nouvelle assurance a accepté le remboursement, mon opération est fixée le 16 mars 2020.

La joie. Une joie enivrante s'empare de mon corps. Ma crevasse s'illumine d'un rayon d'espoir me guidant vers la sortie. Dans trois mois, je serai libre. Libre de ces bosses qui m'empêchent d'être qui je suis. Mon image de moi-même va enfin coller à ce que toi, tu perçois. La perspective de réparation de ce décalage repositionne mon cœur au bon endroit. J'ai l'impression que je vais respirer pour la première fois, dans seulement trois mois.

Cette opération devient mon unique objectif de vie. Rien ne doit entraver ma route vers mon torse, rien n'est plus important pour ma survie que cette intervention médicale. Sauf que le monde continue de tourner et qu'il est frappé par une épidémie de Covid-19 annulant les « opérations non essentielles ». À nouveau, je coule. Je ne pourrai pas supporter un décalage ne serait-ce que d'un jour de cette opération, absolument essentielle à ma survie. Je m'isole, je me coupe de tout contact social. Si je suis contaminé par le Covid-19, je risque l'annulation de mon opération. Seul dans une chambre pendant presque trois mois, je prie pour que mon torse arrive. Le 15 mars, je me rends à l'hôpital avec ma famille. Je ne suis plus réellement vivant. Mes yeux sont gonflés, ornés de lourds cernes violets. Mon poids a chuté de façon spectaculaire et mon estomac s'est vu remplacé par une boule d'angoisse. Tous les jours, depuis trois mois, j'appelle l'hôpital pour demander si mon opération est maintenue.

« On ne sait pas si on pourra, monsieur », me répond machinalement la réceptionniste, habituée à mes appels de détresse.

Il est sept heures du matin lorsque nous prenons la voiture en direction de l'hôpital de Zoug, en Suisse allemande. Ma mère, mon père, ma sœur et moi sommes rassemblé·es en direction (peut-être) de la plus grosse opération de ma vie. Les yeux fixés sur le pare-brise, je me sens vide. Pas encore certain du maintien de mon opération, mon cœur bat à la vitesse des quatre roues s'abattant sur le goudron de l'autoroute. J'aperçois les mains de ma mère s'agripper nerveusement au volant. Je lui demande, baigné dans l'angoisse qui nous unit :

« Ça va, maman ?

— J'ai peur, Léon, me répond-elle, les yeux rivés sur la route.

— Tu as peur de quoi ?

— Juste de t'imaginer, là, nu sur une table d'opération, mon enfant... Ça me terrorise de savoir qu'ils vont toucher ton corps. Et puis, si ça se passe mal ? C'est une grosse opération quand même... »

Je ne peux que comprendre les peurs de ma mère. Je ne sais pas ce que ça fait d'être parent, mais je peux imaginer que de voir son enfant subir une opération de cinq heures peut être terrifiant. Peu importe le motif d'opération.

« Maman, si je ne fais pas cette opération, c'est à ce moment qu'il faudra te faire du souci pour moi. La Dr Greta est une chirurgienne reconnue, elle fait plusieurs torsoplasties par semaine. Ça va bien se passer, je te promets.

— Tu es certain de ne pas vouloir les garder ?

— Maman… Je veux juste porter un marcel », dis-je sans énergie.

Ma mère ne renchérit pas. Elle continue à me conduire vers cette opération qui perce son cœur d'inquiétude maternelle. Je me replonge dans mes rêves de torse plat, orné d'un marcel blanc, collant à mes pectoraux et mettant en avant mes biceps. Plus personne ne pourra me prendre pour une fille avec un tel vêtement. Je serai beau, je serai masculin, je serai un homme comme les autres.

Lorsque nous arrivons à l'hôpital, je ne sais toujours pas si dans quelques heures, je serai libéré de mon torse. Je m'annonce à la réception :

« Bonjour, Léon Chappuis, pour une opération.

— Oui, bienvenue, monsieur Chappuis, voici le formulaire d'admission », me répond la réceptionniste.

Mes grands yeux bleus s'écarquillent.

« Quoi ? Mon opération a lieu ? »

Mes grands yeux bleus se remplissent de larmes.

« Oui, monsieur, ça vient d'être confirmé. »

Mes grands yeux bleus explosent en un torrent de larmes chaudes de soulagement.

« Par contre, personne ne peut vous accompagner ou vous rendre visite au vu des normes Covid.

— Merci, merci, merci ! Ce n'est pas grave, je me fais opérer ! »

Je m'écroule de fatigue. Je tenais à un fil depuis plusieurs mois, m'accrochant à la seule perspective de cette opération. J'embrasse mes proches, les joues mouillées de larmes.

Je leur dis, dans un échange de regards trempés, mais complices et réparateurs : « À dans quelques jours avec un torse plat ! »

Je serre mes parents dans mes bras, animé par une joie de délivrance transcendante. Ma sœur m'enlace si fort que son soutien inconditionnel ajoute encore une couche de larmes à mon soulagement. Je quitte mes proches, guidé par l'infirmière, pour ce qui deviendra ma chambre des quatre prochains jours. Mon opération aura lieu le lendemain, à 7 h 30 du matin. Je passe le restant de la journée léger comme je ne l'ai jamais été. J'ai l'impression que mon cœur s'est transformé en une plume, porté par un vent libérateur qui souffle dans tous mes organes. Je me sens comme un héros, j'ai bravé tous les obstacles jusqu'à ma délivrance. Je suis en paix, j'ai réussi, demain je me ressemblerai.

« Monsieur Chappuis, il est l'heure d'aller en salle opératoire », dit une voix peu distinctive.

Ces doux mots me réveillent alors que je dors bien pour la première fois depuis des mois. J'acquiesce, deux infirmières s'emparent de mon lit et me font rouler jusqu'à la salle où les bistouris vont modifier mon corps à mon image.

Au revoir, torse de toujours,
Bonjour, futur torse.
Je ne t'ai pas toujours détesté, loin de là.
On a fait un bout de chemin ensemble et je t'ai chéri.
Avant la puberté, tu étais neutre, plat, pas de différence avec les autres.
Un jour, mes copines ont commencé à avoir des seins.
Et pas moi.
J'ai prié pour que tu grossisses et que tu deviennes bien rond et volumineux.
Tu as pris un peu de temps à m'entendre, mais finalement tu as grandi. Pas de beaucoup, mais assez pour que je sois content.
Cependant, je t'avoue que je me suis assez vite lassé de toi.
Tu ne m'apportais pas de plaisir, mais pas de dégoût non plus.
Notre relation était simple et neutre.
Mais un jour mon rapport à mon corps s'est modifié.

Petit à petit, je me suis rendu compte que je ne t'aimais plus et que je ne te voulais plus. Alors, mes prières ont changé et je t'ai demandé le contraire de quand j'étais un petit garçon.
Je t'ai supplié de t'aplatir, de ne pas prendre trop de place.
Mais tu ne m'as pas écouté. Alors je t'ai forcé.
Jour après jour, je t'aplatissais de force, jusqu'à ne plus pouvoir respirer.
Tu t'es alors modifié en une ombre que je ne vois même plus.
Demain tu disparaîtras. Donc je te dis au revoir.
Ce n'est pas une séparation de haine, mais un adieu de soulagement, d'excitation pour ta nouvelle forme.
Je me prépare à accueillir mon nouveau torse. Je ne sais même pas encore quel aspect tu auras, mais je me réjouis de faire ta connaissance.
Alors ne le prends pas contre toi, torse de toujours, tu ne vas pas changer dans ton essence, mais seulement dans ta forme.

3, 2, 1. Le gaz remplit mes poumons et je m'endors pour la dernière fois dans une enveloppe corporelle munie d'une poitrine.

« Monsieur Chappuis, votre opération s'est bien passée. Tenez, avalez ça contre la douleur. »

Machinalement, ma main attrape le comprimé pour l'avaler. Je sors des vapes et je la pose aussitôt sur mon torse. Je n'en crois pas ma main : il est plat. Enveloppé dans un bandage, je ressens mon corps plus léger. Les masses graisseuses ont laissé place au néant. L'envie de le voir me brûle, mais je dois attendre le premier changement de pansement.

La chirurgienne entre enfin dans ma chambre. Elle me demande de m'asseoir afin de changer le pansement. Petit à petit, le bandage se déroule en tournant à 360 degrés autour de moi. Plus elle tourne, plus je me rapproche de ma première rencontre visuelle avec mon torse. Au fil des tours, mon cœur s'active de plus en plus. La Dr Greta termine le dernier et il apparaît. Un torse de jeune garçon prépubère sans forme, mais un torse quand même. Je pose mes doigts tremblants sur ma nouvelle peau et l'émotion m'emporte. Je me sens ramper hors de ma crevasse pour continuer mon ascension. J'y suis enfin, j'y suis arrivé. Plus de seins, plus de femme.

Je reste quatre jours à l'hôpital pour récupérer. Seul, je bénéficie d'une intimité avec mon nouveau torse. Le temps nécessaire pour essayer de réaliser que je n'aurai plus jamais de seins. Mais pour l'instant, j'ai très peu accès à mon torse. En récupération, il est à nouveau compressé dans un gilet, aussi serré que le *binder*, mais moins douloureux grâce aux antidouleurs et à l'absence de seins écrasés sur mes côtes. Je me sens frêle, mince, léger. Je dois peser à peine 55 kilos. Je ne suis plus une homo-plate, comme disais mon coach, mais un jeune garçon hâtif d'atteindre la puberté.

Je sors de l'hôpital, faible mais heureux. Mes cernes de combattant m'ont quitté un instant. Je suis illuminé par ma réussite. Mon comité d'accueil est lui aussi ému. Je retrouve celles et celui qui m'ont laissé quatre jours plus tôt, quand je pesais quelques kilos de plus.

« Tiens, je t'ai acheté ça », me dit tout de suite ma mère.

Elle me tend un bout de tissu blanc. Mes doigts s'enfoncent dans le coton. Je le déplie :

« Tu m'as acheté un débardeur ? »

Je lève mes yeux remplis de larmes pour rencontrer ceux d'une mère fière et soulagée de voir son fils non seulement hors du bloc opératoire, mais heureux, dans un corps plus proche de son esprit. Ce marcel deviendra le symbole d'un amour maternel, d'un effort amorcé par une mère qui a su faire passer le bonheur de son fils avant ses peurs, un geste que je n'oublierai jamais.

En pleine pandémie, je me retrouve confiné à Genève. J'ai le droit aux semaines de repos nécessaires après une telle opération. Mes tétons sont alors des croûtes de sang entourées d'hématomes bleus, violets et même verts. Je vis une douleur transperçante, contrebalancée par le sentiment de bonheur qui m'envahit à chaque fois que j'enlève mon gilet pour apercevoir mon torse plat. C'est un curieux sentiment, une douleur satisfaisante, une douleur qui me rappelle l'accomplissement majeur que je viens de vivre.

Je suis incapable de lever les bras plus haut que les épaules pendant la première semaine de convalescence. Au bout de trois semaines, j'ai le droit de retirer le gilet, pour ne plus jamais avoir à en porter de ma vie. Fini les crises de chaleur claustrophobes initiées par un gilet compresseur. Je suis libre.

J'ai eu des seins pendant vingt-trois années de ma vie. J'ai été habitué à en avoir honte, à les cacher à la plage ou sous des soutiens-gorge. Aujourd'hui je bascule dans une nouvelle catégorie, celle des torses libres. Lors de canicules, je peux enlever mon tee-shirt sans risquer la pénalisation ou la sexualisation oppressante. Je veux absolument tester ce nouveau droit. En ce mois de mai ensoleillé à Genève, j'enfourche mon vélo. Je porte un tee-shirt rose plaqué sur mon nouveau torse. J'appuie sur les pédales. Et si j'enlevais mon tee-shirt ? Qu'est-ce qui me retient ? Sur une route plate, en pédalant, je le retire dans un mouvement à la fois familier et complètement nouveau. Je ne suis plus seins nus, mais *torse nu*.

> *Je te vois venir : ah, c'est pour ça que tu as transitionné, pour accéder à certains privilèges réservés aux hommes dans notre société patriarcale.*
>
> Il est vrai qu'avec ma trajectoire, je n'ai jamais été aussi convaincu des différences de traitement entre les hommes et les femmes dans les sociétés actuelles. Mais encore une fois, personne ne transitionne dans un but autre que d'être

soi-même. Il n'y a pas de sous-motif pernicieux aux transitions. Nous transitionnons pour nous ressembler. Ce qui en découle est hors de notre contrôle.

L'air vient caresser mon torse, chatouiller mes cicatrices encore fraîches. Sous le frottement du vent chaud, je sens mes petits tétons se durcir. J'enfonce mon tee-shirt dans la poche arrière de mon short. Je me lève sur les pédales et je prends une grande inspiration. Les passant·es ne remarqueront rien d'anormal dans cette scène : un mec torse nu sur son vélo lors d'une journée chaude de printemps. Dans ma tête, c'est l'explosion de saveurs. Musique à fond dans les oreilles, je me sens libre, vrai, moi. Ma page blanche identitaire se remplit de moments comme celui-ci, de moments authentiques et transcendants.

Mais très vite, mes vingt-trois années d'apprentissage du scénario dans lequel il est écrit que les seins des femmes sont faits pour être cachés m'éclatent à la gueule. J'ai à nouveau l'impression d'être nu et en danger dans l'espace public. Je remets rapidement mon tee-shirt. Cette sensation de pudeur quant à mon torse ne me quittera jamais. Le scénario originel est enfoncé trop profondément dans ma chair.

En rentrant, je poste ma première photo torse nu et non seins nus sur mes réseaux sociaux. À ma grande surprise, Instagram ne me censure pas. Auparavant, chaque photo où mon torse bossu apparaissait se retrouvait censurée. Désormais, toutes mes photos torse nu sont bienvenues sur le réseau social. C'est la même peau, la même âme, mais deux boules de graisse en moins.

La torsoplastie m'a propulsé vers mon phénotype rêvé. Elle a facilité mon intégration dans la catégorie des hommes. Mon torse devient mon bouclier. L'absence de seins est un marqueur fort de genre dans nos sociétés. J'utilise mon torse comme preuve de mon genre. C'est l'été, je peux porter des marcels serrés, des débardeurs mettant en valeur mon torse *plat*. Je suis convaincu que plus personne ne pourra m'appeler « madame » à la vue d'un torse comme le mien. Je me balade tel un coq, main dans la main avec ma copine. Nous présentons de plus en plus comme un couple hétéro, un jeune homme et une jeune fille, amoureux. Les mains unies par un amour fort, lui aussi bouclier dans mes batailles de transition. Nous déambulons dans les rues de Genève quand nous passons à côté d'un bar fréquenté par beaucoup de lesbiennes :

« Mais quel beau couple de jeunes filles ! » retentit dans notre direction.

« Jeune fille » résonne dans mes oreilles jusqu'à me provoquer une otite. Comment a-t-elle pu me voir comme une fille ? Mon bouclier est pourtant bien visible. Ces mots viennent me rappeler à la réalité : *tu ressembles encore plus à une homo-plate.*

Pour sortir de la dysphorie, je prends mon téléphone et je raconte à ma communauté numérique grandissante ce que je viens de vivre :

> *Je portais pourtant une chemise ouverte et on m'a appelé jeune fille ! S'il vous plaît, faites attention à comment vous genrez les gens, c'est marqué sur ma gueule que j'essaie d'être perçu comme un mec, non ?*

Mes réseaux sociaux deviennent mes compagnons d'ascension principaux. J'y partage toute mon évolution, toutes mes galères et je reçois du soutien d'une communauté virtuelle, mais bien réelle. J'y rencontre aussi toute la haine des anti-LGBTQIA+ qui semblent trouver mon existence dégoûtante, révoltante et sujette à débat. Pourtant, j'existe et je ne m'en irai pas.

LE *PASSING* D'UN INFILTRÉ

Plus ma transition progresse, plus je deviens la personne que je suis **vraiment**, mais aussi un membre du groupe social que l'on appelle « les hommes ».

QU'EST-CE QU'UN HOMME ?

Si l'on s'appuie sur des critères biologiques et phénotypiques, on pourrait dire qu'un homme possède un phénotype souvent majoritaire, mais pas obligatoire. C'est-à-dire que la majorité des hommes ont un pénis, un torse plat, une certaine pilosité et de grands pieds. Mais où place-t-on la limite ? Est-ce qu'un homme castré ou qui a des problèmes érectiles n'est plus un homme ? Est-ce qu'un homme d'un certain poids formant des masses graisseuses au niveau des pecs ressemblant à des seins n'est plus un homme ? Est-ce qu'un homme imberbe n'est plus un homme ? Est-ce qu'un homme qui chausse du 37 n'est plus un homme ?

Si les seuls critères d'apparence ne suffisent pas pour définir un homme, alors les critères définissant un homme sont peut-être psychologiques.

Si l'on s'appuie sur des critères psychologiques, on pourrait dire que nos sociétés perçoivent les hommes comme forts et robustes émotionnellement, agressifs et compétitifs, simples et pragmatiques, protecteurs et *providers*. Mais où place-t-on cette limite ? Est-ce qu'un homme qui pleure fréquemment n'est plus un homme ? Est-ce qu'un homme qui n'a jamais fait de mal à une mouche et qui déteste le conflit n'est plus un homme ? Est-ce qu'un homme plutôt rêveur, capable de faire deux choses en même temps et instable n'est plus un homme ? Est-ce qu'un homme sans argent et qui cherche à être protégé n'est plus un homme ?

Ainsi, ni les critères phénotypiques ni les critères psychologiques ne suffisent pour définir un homme.

Aujourd'hui, un homme est avant tout une personne qui se définit comme tel.

En tant qu'homme trans, je suis un homme car je me ressens ainsi. Je suis un homme sans pénis, mais un homme quand même. Ma masculinité, la performance d'être un homme, je l'ai apprise en regardant les autres. Ma place est spéciale, je fonctionne un peu comme un miroir de la condition d'homme représentée dans nos cultures. *Je suis la réverbération des autres hommes*. J'ai fait le choix de m'inspirer de certains hommes, de leurs comportements et agissements. Un mimétisme dont les hommes trans ne sont pas les seuls acteurs. Tous les hommes apprennent ce que c'est, la seule différence, c'est qu'ils le font plus progressivement et à un âge plus précoce que le mien. Leur père, leur frère, leur oncle, leurs amis vont tous être des sources d'inspiration pour leur masculinité. Moi, j'ai tenté de voler le plus possible de ces enseignements en grandissant, mais personne ne m'a réellement appris à être un homme, étant donné qu'ils ne me percevaient pas comme faisant partie de leur groupe.

LE *BOYS CLUB*

Ça y est, j'y ai (un peu) accès. Deux ans de prise de testostérone et une ablation mammaire plus tard, me voilà de plus en plus rangé chez les hommes. Je commence à passer les tests d'identification de genre effectués à chaque rencontre sociale. Quel soulagement ! Mon feu intérieur se calme progressivement et ma rage avec. Plus je me ressemble, plus je suis heureux. Je me considère comme plutôt chanceux, car mon bonheur dépend d'un élément assez simple sur lequel j'ai une agentivité : mon apparence.

Je décide qu'il est temps de reprendre contact avec mes ami·es d'enfance. La testostérone me donne confiance en mon apparence, confiance en moi. Je réponds à un message oublié de Joonas. Peut-être a-t-il fait le nécessaire pour que nos deux mondes puissent coexister ? Comme si rien ne s'était passé, je le rejoins à une soirée du *boys club* auquel j'avais partiellement accès avant ma transition. Dans un parc sur les hauts de Lausanne, la fraîcheur laisse des nuages de vapeur s'échapper de nos bouches. Aucune mention n'est faite de notre cassure. Il m'appelle bien Léon et tous me genrent correctement. Le froid de l'hiver s'efface devant la chaleur réconfortante de cet instant. Quelques bières dans le bide, le liquide presse sur ma vessie.

« Je vais pisser, les gars, dit Joonas en se levant pour aller uriner sur un buisson cinq mètres plus loin.

— Mec, moi aussi », dis-je en le rejoignant.

Échange de regards confus entre les hommes du groupe. *Mais il va s'accroupir là, devant nous ?*

Droit comme un piquet, je baisse ma braguette pour uriner aux côtés de Joonas. Ma prothèse me permet d'éviter toute position accroupie et de rester debout, comme lui. Cette opération nécessite tout de même une concentration maximale, car c'est une manipulation compliquée dans laquelle je ne suis pas encore expert. Il faut avoir la bonne inclinaison, la bonne position, ne pas se soulager trop vite, car trop de liquide ferait déborder la prothèse. Le bruit du fluide tombant résonne sur les feuilles du buisson.

« Mais, mec ?! Comment tu fais ? Non, là, je suis bluffé, je comprends pas, dit Joonas les yeux à la recherche de ma bite.

— J'ai une prothèse, mon gars, plus besoin de m'accroupir, c'est fini cette époque, dis-je fièrement.

— C'est absolument génial, putain, bravo, je suis trop content pour toi. »

Cette validation par la pisse me conviendra pour réparer les torts passés. Nous reprenons notre amitié, comme si elle n'avait jamais été écorchée par nos différences.

***

Je fais partie des rares personnes sur cette planète qui ont vécu vingt ans perçues en tant que femme et désormais en tant qu'homme depuis cinq ans. C'est une expérience unique, précieuse, d'une richesse incontestable. Je peux mettre le doigt sur les différences de traitement entre les hommes et les femmes dans les sociétés occidentales. Ma transition m'a donné accès à une sphère sociétale dont j'ignorais l'existence. Le plus grand choc a été la manière dont les hommes traitent celui qu'ils perçoivent comme *l'un des leurs*.

Les mêmes expériences de vie ont un goût différent selon qu'elles sont vécues en tant que femme ou en tant qu'homme.

Le taxi

En 2018, je suis à une soirée avec mon équipe de basket. L'heure de rentrer approche, il est presque deux heures du matin. Je commande un taxi pour me ramener à la maison, car je viens de subir une opération au genou après une blessure lors du match le plus important de ma carrière. Béquilles en main, attelle au genou, le chauffeur de taxi me propose de monter à l'avant. J'accepte. Pendant le trajet, il est plutôt amical, m'offre de fumer une cigarette. J'accepte. Il me demande assez vite si j'ai un copain. J'explose de rire et je lui dis, en soufflant la fumée dans le pare-brise :

« Mais mec, je suis lesbienne. Ça se voit, non ?

— Ah non, tu n'es pas lesbienne, toi ! » me répond-il.

J'ajoute fermement : « Si, si, je t'assure.

— Non, c'est parce que tu n'es pas encore tombé sur le bon, dit-il avec son sourire orné de dents jaunies par la clope.

— Non, ça n'a rien à voir avec les hommes, je kiffe les meufs, c'est tout. »

Je sens mon cœur s'emballer, j'ai la rage contre ces hommes qui nient constamment ma sexualité, persuadés d'être le centre du désir sexuel des femmes. Sa main fait une sournoise embardée sur ma cuisse serrée dans l'attelle du genou.

« Je suis certain que moi, je saurais te faire aimer les hommes. »

Je veux crier et frapper, mais il me conduit, chez moi en plus. Terrifié par l'idée que cet homme sache où je vis, je pousse violemment sa main : « Arrête la voiture, je veux sortir. »

Comme réponse à mon ordre, un bruit court et sec vient agresser mes tympans : le bruit de verrouillage des portes de sa voiture. Enfermé dans sa boîte de conserve pourrie, j'ai l'impression d'être en cage avec un prédateur qui choisit des proies affaiblies, sans jambes pour courir.

Je tiens dans la main les bâtons de mes béquilles qui me permettent de marcher, mais qui pourraient aussi me servir d'armes. Si je les lui enfonce dans la gueule, il risque de perdre le contrôle du véhicule. Il replace sa vieille main sur ma cuisse. Ses doigts sont énormes et poilus. Son ventre vient appuyer sur le volant et sa tête est proche du plafond de ma cage. Il est grand et massif.

« Arrête la voiture bordel ! »

Je crie comme une gazelle qui se fait pourchasser.

« Je veux juste te montrer, *ma belle*, tu verras, tu vas adorer. » Sa barbe semble si drue que ses poils pourraient facilement percer de la chair humaine.

Il arrête la voiture au bord d'une route peu fréquentée. Je tire sur la portière comme un forcené. Je regarde le tableau de bord de sa poubelle, quand j'aperçois le bouton de déverrouillage. J'attrape sa patte avec ma main gauche et je presse le bouton de ma main droite. J'ouvre la portière, je prends appui sur ma jambe fonctionnelle pour me sortir de ce bourbier. Me voilà hors de la voiture, au bord d'une route campagnarde, plongé dans la nuit noire. Frustré, le chauffeur de taxi enfonce son grand pied sur l'accélérateur, laissant s'échapper un bruit assourdissant qui vient me soulager. Il est parti, il ne m'a pas violé. Mes deux béquilles en main, il ne me reste plus qu'à marcher vingt-cinq minutes pour atteindre mon lit.

Quatre ans plus tard, je suis à une soirée chez une amie. Je commande un taxi pour rentrer, car il est trop tard pour utiliser les transports publics. Je suis la même personne, juste avec une barbichette et les cheveux courts. Mon corps n'est plus désirable pour la plupart des hommes (ceux qui rejettent l'homosexualité). Je monte dans la voiture, seul.

« Monte devant, mec ! Qu'on rigole un peu », me lance le chauffeur de taxi.

Assoiffé de moments de *boys club*, j'ouvre la portière avant avec enthousiasme. Je pose mes fesses d'homme sur le siège en cuir de sa BMW.

« Tu veux une clope ? me demande le chauffeur, les yeux malicieux.

— Grave ! »

Je tiens ma cigarette comme on tiendrait un pétard et je l'allume, virilement.

« Alors, t'étais avec une meuf ? C'était bon ? » dit-il à la recherche de paillettes dans sa vie.

Je rigole, sans répondre. Je ne sais que dire dans ces moments-là. Hors de question de lui faire un cours sur le sexisme pour risquer ne serait-ce qu'une seconde de me faire démasquer comme un infiltré dans son clan d'hommes. Je passe le reste du trajet à rire nerveusement à ses blagues et à ses histoires sur les femmes. J'arrive sain et sauf à la maison, il me serre la main, enfonce son pied sur l'accélérateur et sème une fine fumée dans le ciel noir.

L'expérience était la même : prendre un taxi tard dans la nuit. Par contre, la première avait un goût de lait périmé oublié dans un frigo bordélique. La deuxième a le goût du même lait, mais juste avant sa date d'expiration : encore bon, mais quand même issu de l'élevage intensif.

***

Ma vie a changé. Dans la rue, lorsque je croise un homme sur un trottoir étroit, il s'écarte proportionnellement. Il me donne la même place que celle qu'il s'accorde, alors qu'avant je pouvais entendre : « Écarte-toi, ma belle, je passe. » Si je vais acheter une bière dans une épicerie un peu tard le soir, le vendeur échange avec moi des blagues sur le potentiel dénouement de ma soirée, alors qu'avant je pouvais entendre : « Il est un peu tard pour être toute seule dehors, ma belle. » Lorsque je prends la parole dans une conversation de groupe, les autres hommes se taisent et me laissent finir mon propos.

Le rapport à mon couple est également transcendé par une migration du lesbianisme vers l'hétérosexualité. À l'époque lesbienne, lorsque je ramenais une fille dans un groupe de mecs, ils se permettaient de continuer leurs jeux de drague avec moi, devant elle, ou de draguer ma copine devant moi. Un instinct qui leur paraissait sûrement joueur et inoffensif, mais qui signifiait : « Les lesbiennes désirent toutes secrètement un homme, vous n'avez pas encore testé avec le bon mec, moi je vais vous apprendre. » Ils ne se comportaient absolument pas de cette manière lorsque l'un des leurs ramenait sa copine dans notre groupe.

À partir du moment où j'ai commencé à devenir un homme à leurs yeux, ma copine accrochée à mon bras dans la rue me valait des regards approbateurs des passants, comme pour me congratuler d'avoir réussi à conquérir une si belle femme. Comme si elle n'était qu'un accessoire. Sauf qu'il y a quelques instants, j'étais moi-même cet accessoire tant désiré et recherché par les hommes.

***

Je me retrouve tiraillé. Est-ce mon job d'éduquer tous les hommes qui m'écoutent maintenant davantage, simplement parce que je suis un homme ? Est-ce que je dois désormais intervenir dans chaque conversation problématique échangée dans les *boys clubs* ? Ou est-ce que je survole ces espaces sans risque de me faire démasquer ? Ou encore, est-ce que j'appartiens à présent à ces clubs, au même titre que les autres ?

*Be a man**

J'apprends encore à être un homme. Tous les jours, je suis à la recherche du type d'homme que je suis. Les trois premières années de ma transition sont marquées par une recherche d'approbation extérieure de mon genre. Traumatisé par les non-reconnaissances quotidiennes de ma qualité d'homme, j'attends avec une impatience meurtrière que ça n'arrive plus. Chaque jour, je me demande si ce sera le dernier où on me percevra encore comme une femme. L'ascension vers le *passing* est progressive et interminable. La mienne ne cesse de se compliquer. À chaque obstacle bravé, des nouveaux poussent sur mon chemin comme de mauvaises herbes. Je me demande si finalement je vais arriver au sommet. Qu'on me reconnaisse en tant qu'homme devient une nécessité de survie. Chaque nouvelle rencontre est transpercée par mes tentatives de saisir comment la personne en face me perçoit. J'ai besoin d'être certain qu'enfin on ne me regarde pas comme un étranger à la masculinité.

Malheureusement, ma visibilité numérique et mon combat pour les droits transgenres m'ôtent bien trop souvent ce besoin. Le qualificatif « trans » semble collé à « homme » lorsqu'on me définit : « C'est l'homme trans. » Un qualificatif que je chéris. Si seulement il était neutre ! Aujourd'hui, il est encore peu accepté *qu'un homme trans soit un homme*, et *qu'une femme trans soit une femme*. Ce qualificatif dont je suis si fier se transforme donc en poids.

En pleine ascension, j'ai encore besoin de me construire. Je suis à la recherche de distance avec ce qualificatif qui semble tatoué profondément dans ma peau (c'est le cas). Je quitte la Suisse pour me rendre à Boston, aux États-Unis, afin de terminer mes études de master. Là-bas, je retrouve ma page blanche. Personne

* Soit un homme.

ne me connaît d'avant ma transition, des réseaux sociaux, je suis un mec parmi d'autres. Trois ans après le début de ma transition, je suis dans 90 % des cas classé dans la bonne catégorie. Je vais pouvoir tester ce que c'est la vie en tant que mec cisgenre. C'est réellement mon objectif de voyage. Je veux être traité de la même manière, avoir accès aux mêmes sphères que les autres hommes. Je me rapproche d'un Étasunien, ex-militaire et tellement cliché, Bryan. Nous développons une relation amicale basée sur le fitness et ma soif des *boys clubs*. On s'entraîne quatre fois par semaine à la salle de sport du campus universitaire. Il n'a aucune idée du fait que j'ai été assigné fille à la naissance. Quelle fraîcheur ! Je vis ces expériences un peu dans la peur constante qu'il le découvre, mais au moins, je suis convaincu qu'il ne me traite pas différemment des autres hommes.

Il m'introduit dans ses groupes d'amis, exclusivement composés d'hommes. Nous faisons des *road trips*, des sorties arrosées dans les bars, du golf et de la pêche. Au bout de trois mois, ma couverture est toujours intacte. J'ai trouvé du repos dans l'éloignement du qualificatif « trans ». Évidemment, les femmes et les manières de les séduire sont un sujet qui ne quitte pas ses lèvres. Un soir, il me montre son application de rencontre :

« Regarde, *elle*, elle est tellement bonne, dit-il fièrement.

— J'avoue, réponds-je sous couverture.

— Oh elle, elle est encore plus... Ah non ! C'est un homme, dit-il en rigolant.

— Quoi ? Montre !

— Regarde ! Elle a une pomme d'Adam. Il n'y a que les hommes qui en ont.

— Mais n'importe quoi, c'est une femme. Sur son profil, c'est marqué qu'elle est trans, mais c'est une femme, mec. » Cette phrase sort de ma bouche de façon instinctive. Je me rends compte que même si j'ai un besoin d'appartenance à ces *boys clubs*, il m'est impossible de laisser passer un tel outrage à l'identité de cette jeune femme.

Je suis si bien infiltré que ma protestation provoque chez Bryan un regard étonné, du style *pourquoi tu t'excites, mec ?* Je sens que j'arrive à la limite de ce que je peux supporter. Je commence à comprendre quelle est la clé qui permettra mon ascension totale : je suis un homme, mais pas un homme cisgenre. La réalité est que j'ai effectivement été éduqué comme une femme pendant presque vingt ans de ma vie. Je n'ai pas les mêmes codes que lui. Vivre enfoncé dans le placard me semble totalement ridicule désormais. Je décide de faire mon coming out auprès de mon *boys club*.

« Mec, je dois te dire un truc. Je suis un homme trans. »

Cela a beau être mon énième coming out, la peur et la honte envahissent toujours autant mes membres. Je suis terrifié par sa réaction, par le rejet que mon genre ou mes attirances sexuelles m'ont fait subir depuis si petit.

Bryan explose de rire.

« Non, je déconne pas, mec. Je suis né fille. »

> *Né fille*. Je déteste parler ainsi, mais j'ai toujours l'impression qu'il faut que je simplifie mon langage pour qu'on me comprenne. Je voulais lui dire : « Les médecins ont foiré à ma naissance, ils ont vu une vulve et ils ont dit : "C'est une fille." Alors que vulve ou pas, j'ai toujours été un gars. » Mais sur le moment, l'anxiété de la situation m'emprisonne dans un langage inadapté.

« Quoi ? Vraiment ? C'est stylé, mec. Ça fait combien de temps que tu es sous testostérone ? » finit par dire Bryan.

J'avale ma gorgée de bière de travers. Je suis profondément choqué par la réaction de cet ex-militaire. J'étais convaincu que j'allais devoir me prendre une vague de violence en pleine gueule. Je réponds avec sérieux :

« Trois ans maintenant.

— Attends, tu veux dire qu'avant, tu avais des seins ? »

J'aperçois sa main droite se diriger vers mon torse. Il la pose sur mon pec droit.

« Je touche d'anciens seins », dit-il enjoué par la situation.

Je rigole et repousse sa main. Je renchéris avec humour :

« Peut-être des anciens seins, mais aujourd'hui des pectoraux bien plus musclés que les tiens ! »

Nous trinquons, et il me pose ensuite des milliers de questions sur ma bite et mes relations sexuelles.

Employable

Le lendemain de mon annonce, je quitte le sol étasunien pour retourner en Suisse. Je n'aurai pas l'occasion de savoir si Bryan m'aurait traité différemment après mon coming out. Ce qui est certain, c'est que cette aubaine m'a insufflé un peu de légèreté, tout en m'enseignant que j'aime qui je suis. Je n'aurais pas supporté plus longtemps de faire semblant d'être un homme cisgenre car, en réalité, je ne le suis pas.

Mes études arrivent à leur terme. Il est temps pour moi de postuler pour trouver un travail. J'envoie de nombreux CV. Je décroche mon premier entretien.

« Monsieur, nous avons reçu plus de 75 candidatures pour ce poste, mais nous désirons travailler avec vous !

— Mais quel honneur, qu'est-ce qui m'a distingué des autres ?

— Entre nous, nous voulions absolument un homme pour ce travail, il n'est pas adapté aux femmes. »

L'employeur pense être en terrain conquis, entre couilles comme on dit. Pourtant, les mots qui sortent de sa bouche éveillent en moi une rage qui me fait bondir. En une seconde, ma main attrape la poignée de la porte, et me voilà hors du bureau. Je ne pouvais pas travailler dans un tel environnement ; d'abord par protestation, puis par crainte. Que m'arrivera-t-il le jour où M. Sexiste découvrira que j'ai moi aussi été une femme qu'il considère si inapte à faire de la communication ?

Je remets toute mon énergie à postuler pour d'autres emplois. J'obtiens un deuxième entretien.

« Monsieur Chappuis, votre parcours nous a vraiment intéressés !

— Super, votre offre convient parfaitement à ce que je recherche.

— Très bien. Dites-moi, à quel âge avez-vous compris que vous étiez un homme ?

— Je... Euh, autour des 19 ans. Pourquoi ?

— Non, car c'est très intéressant. Et avez-vous entrepris toutes les mesures de transition ? Enfin, êtes-vous opéré partout ?

— Je... Je ne crois pas que ce soit une question vraiment pertinente pour le poste. »

Je suis convoqué pour trois autres entretiens. À chaque fois, on m'interroge sur ma transition plutôt que sur mes compétences. Mon activisme en ligne m'a enlevé la sécurité de l'anonymat trans. Mes candidatures intéressent jusqu'à ce que la curiosité des employeurs sur la transidentité soit assouvie. Je me retrouve obligé de m'inscrire au chômage. J'arrive dans une salle d'attente remplie de sièges en plastique dont on ne discerne plus la couleur originelle tellement l'usure a pris le dessus. Une dame entre :

« Monsieur Chappuis ?

— Oui, c'est moi. »

Elle me guide jusqu'à son petit bureau au bout d'un couloir tapissé d'une moquette grise.

« Monsieur Chappuis, dites-moi tout, qu'est-ce qui vous amène au chômage ?

— Écoutez, je viens de terminer mes études et je ne trouve pas de travail.

— Racontez-moi, quelles sont vos qualifications ?

— J'ai un bachelor en relations internationales et un master en communication digitale. Je suis aussi influenceur sur les réseaux sociaux et j'ai plusieurs milliers d'abonnés.

— Influenceur ? Vous influencez quoi ?

— C'est plus une plate-forme d'informations sur les questions transgenres. »

Mme Dupont pose lentement son stylo, lève les yeux de sa feuille et laisse échapper un petit sourire à peine discret.

« Vous êtes...

— Oui, je suis un homme transgenre.

— Non, mais c'est pas possible ! Je me suis dit en voyant vos papiers que j'allais sûrement avoir affaire à un... Enfin, bref, ensuite quand je vous ai vu vous lever dans la salle d'attente, je me suis dit : "Ah non, pas du tout." Mais en fait, c'est vrai ! Waouh ! Qu'est-ce que c'est bien fait ! On ne voit rien du tout, c'est incroyable. »

Une force venue du plafond terne vient m'enfoncer sur ma chaise.

« Vous avez fait l'opération ?

— Non, je ne l'ai pas faite.

— Ah, d'accord. C'est incroyable quand même, mon travail. Ça me fait découvrir tellement de phénomènes, vraiment, j'adore mon travail. »

Je ne toucherai pas le chômage. Plutôt crever que de retourner dans cette minuscule salle grise. Je prends la décision de me lancer à mon compte, de trouver un moyen de subvenir à mes besoins autrement.

Validation gay

Au début de ma transition, la testostérone est venue défier toutes mes certitudes concernant ma sexualité. Depuis ma sexuation, les femmes et surtout la féminité rassemblent tous mes désirs. Je n'ai jamais regardé un homme de la façon dont la plupart des femmes les regardent. La testostérone vient absolument brouiller cette certitude.

> On se souvient : le genre et la sexualité sont deux concepts différents. Le genre concerne un ressenti. La sexualité, c'est avec qui on a envie de baiser. Mais une fois la transition de genre amorcée, les attirances sexuelles semblent moins gravées dans le marbre. La trajectoire de transition est si déstabilisante qu'à côté, se questionner sur ses désirs sexuels paraît beaucoup plus facile.

D'un coup, je suis frappé par une question que je m'étais déjà posée à l'âge de 14 ans : *suis-je gay ?* Une question que beaucoup d'hommes ont peur de se poser, car la réponse affirmative aurait un impact bien trop considérable sur leur vie. Le courage qu'il faut encore aujourd'hui pour s'assumer en tant qu'homme gay est affligeant. Mais après tout ce que j'avais vécu, une telle question ne pouvait pas me terroriser. La frontière entre *vouloir être cet homme* et *vouloir cet homme* était devenue poreuse. Incapable de me situer, je me suis mis à expérimenter. Une possibilité que la plupart des hommes se refusent.

Je me rends en soirée gay. J'ai l'air d'un jeune adolescent fraîchement sorti du placard. Avec ma transition, j'ai perdu cet aspect de désirabilité pour les hommes hétéros. Cela fait fort longtemps que je n'ai plus vécu l'expérience du *bout de viande*.

La salle est sombre, la musique techno, les hommes beaux et libres. Ils s'embrassent, se touchent, se draguent. J'intègre ce nouveau type de *boys club*, bien plus déchaîné que ceux que j'ai connus auparavant. Je danse, je bois, j'expérimente. Un homme m'attrape le paquet :

« Waouh, t'es bien monté, toi », me susurre-t-il à l'oreille.

L'euphorie de genre m'envahit. J'ai l'impression de recevoir une validation de ma masculinité par intraveineuse. *Qui de plus phallocentré que certains mecs gays ?* Caricaturalement, la fascination pour la figure de l'*homme* que peuvent avoir certains mecs gays me valide en tant que tel.

Le problème est que mon paquet n'est pas rempli de la chair tant vénérée, mais de silicone. Depuis le début de ma transition, je ne sors plus sans mon *packer*. Un bout de plastique produit industriellement, mais qui devient une extension de mon corps. Il me permet d'uriner debout dans des pissotières peu ragoûtantes, mais qui fleurent l'euphorie de genre pure. L'image de l'homme urinant debout est imprimée en 3D dans mon crâne. Pouvoir la réaliser est une nécessité absolue pour ma propre validation en tant qu'homme. Je me racle la gorge et réponds au mec de ma voix la plus grave possible : « Je sais. » Pourtant, dans ma tête, je suis en panique. Je ne pourrai jamais aller plus loin avec lui. Trop embarrassé par ma bite en plastique, certainement plus grosse que la sienne, mais toujours en plastique.

C'est à ce moment qu'un homme nous sépare pour me prendre dans ses bras. À l'instant où son torse touche le mien dans un câlin forcé, je le reconnais. Il s'agit d'un mec de mon village. Lui et moi étions à peu près les seuls homos *out* de notre collège. Nous n'étions pas amis, mais une solidarité face au harcèlement s'était *de facto* installée entre nous. Quand il avait appris pour ma transition, il m'avait envoyé un message de félicitations.

« [Morinom, Morinom, Morinom] ! » s'écrit-il, la voix exaltée du bonheur de me revoir. Je reste figé. Mon prétendant me fixe, confus, et prend ses jambes à son cou comme si un incendie venait de se déclarer dans la boîte de nuit. Je lui crie au visage avant de m'éloigner : « Je m'appelle Léon ! »

Il le savait très bien, crier mon morinom était une façon de se rapprocher de moi, de montrer qu'il me connaissait vraiment depuis longtemps.

Je me réveille le lendemain sans souvenirs de la veille. Je fonce aux urgences afin de m'assurer qu'aucune drogue n'a été introduite dans mon verre ou que je n'ai pas été victime d'une agression sexuelle. Je me rends à l'hôpital le plus proche.

« Bonjour, je viens, car j'ai probablement été drogué hier soir et je n'ai aucun souvenir. J'aimerais vérifier si je n'ai pas subi d'agression sexuelle.

— D'accord, monsieur, le service d'urologie est dans cette direction, ils vont s'occuper de vous, me répond le réceptionniste urgentiste.

— Non, c'est que je suis un homme trans », dis-je les yeux gonflés par l'angoisse des souvenirs de la soirée qui reviennent par flashs, avec un homme bien trop insistant.

Le réceptionniste me fixe. Il laisse planer un long silence, que je ne brise pas.

« Attendez, vous êtes *une fille*, en bas ? »

J'ai envie de lui crier : *Non, Titouan, je ne suis pas « fille en bas », mais j'ai une vulve, oui, si c'est ça la question !* À la place, un maigre « oui » sort de ma bouche asséchée.

« Ah ! Nous ne traitons pas ça ici, enfin vous. Il faut aller au service spécifique. Ça serait la gynécologie normalement, mais vous, je ne sais pas s'ils vous accepteront. »

Alors, je fais quoi, Titouan ?!

« D'accord, désolé, j'y vais. »

Prêt à décamper, rempli de honte, je me traîne vers le service de gynécologie, *aka* mon pire cauchemar.

HOMME À VULVE

Ma transition vers la masculinité m'a offert de nombreux avantages dans la vie de tous les jours, ne pas l'admettre serait un refus de reconnaître l'existence des privilèges d'homme. N'oublions pas que je reste un homme à vulve. Que ces *boys clubs* ne m'acceptent que superficiellement. Je suis constamment menacé par le risque d'être démasqué. Néanmoins, il est important de percevoir les avantages que ma transition m'a offerts dans la vie de tous les jours. Je suis membre, mais je reste seul en période d'essai entouré de membres premium. Je ne crains plus de marcher seul le soir, de prendre un taxi, de m'imposer face à des collègues hommes, de me faire draguer lourdement lorsque je veux juste me commander un café... Mais ces avantages, je peux les perdre très vite. En l'espace d'une seconde, je peux dégringoler le long de l'échelle sociale, dès que l'on comprend que je n'ai pas de biopénis*.

Bien que je me ressemble enfin, mon corps ne rentre toujours pas dans le script prévu. Rien n'est créé pour un homme à vulve, ce qui reste compréhensible compte tenu de notre petit pourcentage sur terre. J'aimerais évidemment que mon monde soit lié à l'autre majoritaire, qu'ils s'entrelacent et qu'ils cohabitent sans que le monde le plus peuplé bouffe celui à la densité affaiblie. Mais, au minimum, j'aimerais que ce monde dominant ne réagisse pas avec violence lorsqu'il prend connaissance du mien.

---

* Biopénis (n. m.) : terme désignant un pénis présent dès la naissance, formé par le développement biologique sans intervention chirurgicale.

LE SOMMET

LE CÉLIBAT EN TANT QU'HOMME

Trois ans de transition ont complètement ravagé mon couple.

Je subissais une vague incessante de violences, et il m'était devenu impossible de rester le copain idéal que j'avais toujours rêvé d'être. J'admire les couples capables d'affronter ensemble le tumulte d'une transition, mais mon voyage identitaire a été si difficile que j'en suis devenu invivable. Il n'y avait plus de place pour autre chose que ma survie dans cette ascension meurtrière.

Joséphine m'avait connu prétransition. Elle avait d'abord été attirée par ce qu'elle pensait être une femme lesbienne, mais en réalité, elle sortait désormais avec un homme hétéro. Je n'arrêtais pas de douter de son regard sur moi, convaincu qu'il restait teinté d'une image que je voulais effacer. Malgré ses dires, j'étais persuadé que je ne serais jamais complètement homme à ses yeux. Une conviction absolument erronée, mais la menace de la dysphorie altérait mes pensées comme une drogue psychédélique. J'avais besoin de sentir des yeux frais posés sur moi, sans constamment me demander si la femme que ma copine avait connue lui manquait.

Tout l'équilibre nécessaire à une relation saine s'est retrouvé chamboulé, le malheur avait infiltré notre couple, un malheur pour lequel je me tenais responsable, expliqué, mais non excusé par la transphobie sociétale. La difficulté de notre parcours trans nous traumatise, complique nos relations sociales, entrave encore davantage notre ascension.

Mettre fin à la relation m'était inenvisageable : la peur me retenait. Convaincu qu'aucune femme ne voudrait d'un homme sans bite bio, j'étais terrifié à l'idée de terminer une relation qui aurait dû s'éteindre dans l'amitié depuis un moment. La vision que m'a inculquée notre société sur les personnes transgenres ne quitte pas ma tête : *personne ne peut t'aimer, tu es trop bizarre pour les femmes, tu ne vas jamais réussir à draguer sans bite, c'est la seule qui peut t'aimer, car tu l'as eue prétransition*. Depuis deux ans, je m'efforce par mon militantisme d'amorcer une transition de l'image négative attachée aux personnes trans vers une image remplie de positivité. Mais je me retrouve moi-même incapable de réellement intégrer que les personnes trans ont tout autant le droit à l'amour que les autres.

Ma peur et les stéréotypes n'ont malgré tout pas réussi à nous garder uni·es. Cette relation qui avait été un pilier vers mon sommet identitaire s'est arrêtée mi-ascension. Joséphine a quitté la course pour son bien. Je me retrouve alors seul en plein parcours, largement affaibli par la première partie de l'effort.

Pour la première fois de ma vie, je suis un homme célibataire. Une nouvelle réalité terrifiante. Avant ma transition, j'étais fréquemment abordé par des filles qui cherchaient à cocher la case de leur première et probablement unique expérience lesbienne. Aujourd'hui, je suis un mec de plus qui cherche à draguer une fille dans un bar. Quelle horreur ! Il n'y a pas si longtemps, j'étais cette fille que les mecs venaient draguer lourdement dans l'espoir de conclure pour ajouter un nom sur leur liste et frimer devant leurs potes. Je refuse d'infliger ça à une seule fille. Mais surtout, je n'oserais jamais aborder une inconnue, trop incertain de ce que j'ai à offrir face aux autres hommes qui inondent la pièce. Ils sont tous plus grands, plus baraqués, ont plus de barbe et de pénis que moi. Comment rivaliser ? En plus, je n'ai pas été éduqué comme un homme. Je n'ai pas les clés pour aborder ces filles hétéros et ça me terrifie.

Mais admettons qu'une fille me choisisse parmi la masse grise de mecs. À quel moment dois-je lui annoncer la terrible nouvelle : *Chérie, ce soir, ma bite est en plastique. Mais au moins, je ne banderai pas à moitié comme le reste des gars de ce bar qui ont enchaîné les bières.*

Allongé seul sur mon lit, la semi-certitude qu'aucune femme ne pourra m'aimer ainsi grandi. Mon célibat me tire hors de chez moi pour combattre ce sentiment, à la recherche de la nouvelle femme qui partagera ma vie. Je retrouve Eminem et ses textes problématiques qui me donnent tant l'impression de jouer au vrai bonhomme. Dans la glace, ma peau a perdu son reflet lisse, perturbé par une acné d'adolescent en pleine découverte de sa sexualité. Les traits de mon visage sont encore fins et ma masse musculaire reste légère. Je n'ai pas l'impression d'être assez. Assez masculin, assez grand, assez fort, assez homme. Un peu de parfum qui sent l'homme des cavernes résoudra sûrement le problème. Je passe un débardeur serré, mon torse plat continue d'être mon bouclier. J'enfile mon jean type boyfriend par-dessus un slip Calvin Klein blanc dans lequel je glisse ma prothèse pour uriner debout. J'attrape une sacoche bleue, que je porte en bandoulière. J'y dépose mon autre extension corporelle, mon *strap-on*. J'ai différents types de prothèses. Celle pour uriner debout, constamment dans mon slip, et celle pour avoir des relations sexuelles, plus grande et rigide que la première. Je trimbale un de mes membres dans une banane accrochée sur mon torse. Cette sacoche transporte non seulement ma bite, mais aussi ma honte.

Je rejoins Joonas pour une de nos énièmes sorties. Dans la queue pour entrer dans un bar, je remarque que le vigile fouille les sacs. Je me force à rester : j'ai tout autant le droit d'accéder à ces espaces que les autres ! Mais comment va-t-il réagir à la vision de ma bite rose qui repose tranquillement dans ma sacoche ? Mon cœur s'emballe à mesure que l'on s'approche du vigile.

« Votre sac, s'il vous plaît », me dit-il du haut de ses presque deux mètres.

Je lui tends la sacoche munie de mon organe. Ses yeux s'enfoncent dans les miens.

« Mais, les gars, vous allez où après ça, je peux venir ? »

J'explose de rire, je décline gentiment sa proposition et je jubile à l'idée que tous les potes hétéros qui m'accompagnent sont passés pour un groupe de mecs gays grâce à ma bite.

Avoir des relations sexuelles avec des inconnues me terrifie, car je dois littéralement me mettre à nu devant ma partenaire avant même de quitter le bar.

Dans mes moments de célibat, je me sens monstrueux. J'ai l'impression d'être un intrus dans un groupe formé par la société entière. Je suis un homme hétéro, mais je ne suis pas cisgenre. Et la différence existe ; je la ressens quotidiennement. J'enchaîne les rencards sur différentes applications de rencontre, mais la plupart des filles intéressées sont souvent bisexuelles ou lesbiennes. Impossible pour moi d'oublier que je ne suis pas un homme hétéro comme les autres. À chaque piqûre de rappel, je me sens encore plus comme un petit monstre. En plus, je n'ai pas encore tout à fait le phénotype rêvé. Je ressemble à un homme, mais je reste imberbe et frêle. Cela fait à peine trois ans que je prends de la testostérone et environ six mois que plus personne ne me prend pour une femme. Ma confiance n'est pas totalement implantée comme à l'heure où j'écris ces lignes.

Un soir, je suis invité au restaurant par une amie, Clara. Elle me présente son ex, avec qui elle est restée en bons termes. En face de moi se trouve une femme dont les lèvres ressemblent à des nuages dans lesquels je me perdrais à l'infini. Son grain de beauté sous la narine gauche couronne parfaitement sa bouche. Son rire me fait la promesse que je ne m'ennuierai plus jamais. Son regard est malicieux et confiant. Un cauri* descend le long d'une petite tresse jusqu'au centre de son front, témoin de son illumination spirituelle et créative. Ses tatouages glissent le long de ses bras pour épouser parfaitement sa peau. Ses ongles longs et dorés résonnent contre l'écran de son smartphone. Son odeur m'hypnotise, un parfum floral, amer et pétillant flotte autour d'elle comme une aura envoûtante.

« Enchanté, Léon.

— Moi, c'est Lakna. »

---

* Petit coquillage.

Je suis totalement chamboulé par sa présence. Une telle femme me paraît complètement inatteignable pour un mec trans comme moi. Elle doit sortir avec des gars du style mannequin de deux mètres. Je pense n'avoir aucune chance avec elle.

« Je viens de me séparer de ma copine », dit-elle d'une voix au timbre semblable à du miel.

Une alarme sonne dans ma tête : elle est lesbienne ! Ce qui, bizarrement, me donne l'impression d'avoir plus de chance avec elle. Je prends mon courage à deux mains :

« T'es lesbienne ?

— Lesbienne politique ! Je suis bi, mais j'ai fait le choix de sortir avec uniquement des femmes racisées, car les hommes et les Blancs m'ont trop déçue et on ne se comprend pas. »

Merde, je tombe exactement dans sa catégorie maudite. C'est bien ce que je pensais, une telle femme, si puissante, si belle, si sûre d'elle, si intelligente et si drôle ne pourrait jamais sortir avec un mec comme moi. Alors, je mets de côté toute intention de drague, ce qui me transforme en mec détendu. Je lui parle comme je le ferais à une amie de longue date. On rigole beaucoup et la soirée est magnifique. Assise à côté de moi, Clara me susurre à l'oreille :

« Tu sais, même si tu es un mec blanc, elle te kiffe.

— Quoi ? Mais n'importe quoi ! »

Je suis convaincu de rester un petit monstre.

« Elle me l'a dit, je te jure ! »

La soirée prend un autre tournant. J'ai une chance avec cette femme ? Je suis absolument déboussolé. Son odeur replonge dans mes narines et fait accélérer mon cœur. La soirée arrive à son terme. Tout le monde rentre.

« Tu veux venir à la jam avec moi ? me demande Lakna.

— C'est quoi ?

— C'est un concert où le public peut jouer des instruments, chanter, improviser, quoi ! me répond-elle, saoulée que je ne sache pas ce qu'est une jam.

— Grave ! » dis-je avec beaucoup d'enthousiasme.

Elle me guide dans un caveau bondé, la foule dansant sur de la musique jazz. Dès l'instant où elle apparaît, les gens accourent vers elle pour la saluer avec amour et admiration. Aussitôt, on lui tend un verre de champagne et un micro. Elle monte sur scène et commence à chanter. Sa voix envahit la salle, créant une unité autour d'elle. De sa bouche sort un son profond, rond et puissant. Ses syllabes se posent délicatement sur ma peau et s'insinuent dans chacun de mes pores pour apaiser mes peurs de monstruosité. Sa puissance est contagieuse, je suis obnubilé par son talent. La foule transpirante s'évapore, plus rien n'existe autour de nous. Elle est concentrée et bouge subtilement son bassin au rythme des instruments derrière elle. Son regard croise le mien. Ses yeux sont lumineux, son corps plein de vie. Elle s'éclate et c'est splendide.

On se quittera ce soir avec le cœur léger. Je ne sais pas encore que je viens de faire une rencontre qui va complètement chambouler ma vie.

TON CORPS NE M'ÉTONNE PAS

Je dois trouver un moyen subtil de revoir cette femme. Je sens une force me tirer vers elle. J'organise une soirée avec les mêmes ami·es que lors de notre rencontre. Nous sortons danser dans une boîte de nuit LGBTQIA+. La soirée a un goût particulier, Lakna et moi savons que nous sommes là pour apprendre à mieux nous connaître, à nous connecter, à assouvir cette force qui nous attire.

Lumière tamisée, Lakna et moi dansons sur de la musique pop entre deux shows de drag queen. Ma main frôle la sienne. C'est nouveau, c'est doux. Nos corps se rapprochent jusqu'à réduire entièrement l'espace entre nous. Elle lève la tête pour me regarder, les yeux remplis d'attente.

« Ça te dérange pas si je t'embrasse même si j'arrête pas de dire que je suis lesbienne politique ? » me lance-t-elle avant que nos lèvres se touchent.

En vérité, ça me dérangeait. Je déteste être lié au lesbianisme étant donné ma trajectoire de transition et mes efforts pour être perçu en tant qu'homme. Il est impératif pour moi d'être considéré comme un homme hétéro. Les hommes trans sont des hommes, certes pas cisgenres, mais des hommes quand même. C'est comme les filles ultra féministes qui détestent les hommes, sauf les hommes trans. Nous sommes des hommes, alors détestez-nous avec !

« Non, pas du tout », dis-je lâchement, assoiffé de ses lèvres nuageuses.

Ce soir-là, notre proximité n'ira pas plus loin. Je me demande quel futur nous est réservé. Normalement, l'étape suivante avec une inconnue me terrifie. Mais avec elle, je me réjouis comme un gosse à qui on a promis une surprise. Nous n'avons pas discuté de ma transidentité, elle est au courant, mais ce n'est pas un sujet. Je n'ai pas l'impression de devoir lui expliquer mon monde.

Le lendemain, je me rends compte que j'ai oublié ma sacoche sacrée chez elle. Je lui envoie un SMS :

Pas trop mal à la tête ?

Je lance une association contre l'alcool.

Ha ha ha ! Très bien !

T'étais bourré aussi non ?

Oui, mais jsp pourquoi, je pète
la forme. Juste, j'ai oublié ma
banane, tu peux me la garder ?

Oui, y a quoi dedans ?

Un truc très important stp
ne regarde pas dedans !

Pas de soucis, elle t'attend chez
moi, passe quand tu veux !

J'enfourche mon scooter et je débarque chez elle. J'ouvre la porte de son grand appartement. Elle sort de la douche, ses cheveux sont mouillés et elle sent la pêche fraîchement coupée. Sa peau est si hydratée qu'elle luit de douceur. Elle me demande quelques secondes pour enfiler un survêt. D'un geste de la main, elle me fait asseoir sur son canapé. On discute un peu, on rigole de la soirée passée. Elle se rapproche progressivement de moi jusqu'à poser ses douces lèvres sur les miennes. Je susurre entre deux baisers :

« T'as regardé dans la sacoche ?

— Non, promis. »

Je dois quitter son appartement, car j'ai un train à prendre pour rejoindre des ami·es. Je lui fais un dernier baiser sensuel avant de passer la porte. Dans le train, je tapote sur mon téléphone :

Putain, j'ai encore oublié ma banane !

C'est une bonne technique
de drague, t'inquiète.

Ha ha ha ! Grillé !

Ça me va bien, repasse demain.

Le lendemain, je me dépêche de la retrouver. Elle m'attend sur son canapé, la peau toute fraîche et les lèvres brillantes. Nous partageons notre première relation intime. Nos corps s'unissent comme ils ne s'étaient jamais unis auparavant : un homme et une femme, perçu·es et performé·es ainsi. Notre union est une évidence. J'ai l'impression que nos mondes ont toujours été entremêlés, que nos corps se connaissent déjà. Un tel partage ne peut pas s'arrêter là, il est annonciateur d'une relation puissante et profonde.

Avant de rencontrer Lakna, mes relations sexuelles étaient marquées par un profond malaise à l'égard de mon corps. Je ressentais un décalage constant, une déconnexion qui m'empêchait de réellement éprouver du plaisir, car je n'aimais pas ce corps qui ne me ressemblait pas. Mais à travers nos moments d'intimité, Lakna a initié un processus de guérison, une réconciliation progressive entre mon corps et moi. Peu à peu, elle m'a aidé à apprivoiser cette enveloppe, à trouver un certain apaisement là où il n'y avait que du rejet.

Je l'invite pour un repas romantique au restaurant. Bouquet de roses en main, je toque à sa porte avant de l'emmener en scooter au centre de Lausanne. L'ambiance est à la hauteur de mes ambitions, douce mais sensuelle, festive mais sérieuse, légère mais profonde. Entre deux gorgées d'un bon vin rouge, je remarque un homme d'une quarantaine d'années qui me fixe depuis l'autre bout de la salle. *Il veut quoi encore celui-là ?* Je continue ma conversation avec Lakna, tout en gardant un œil méfiant en direction du fond de la salle. Sans surprise, au moment de payer l'addition, l'homme se lève en trombe et traverse le restaurant.

« Bonjour, excusez-moi de vous déranger, je voulais juste vous dire que j'admire votre travail et waouh, qu'est-ce que vous êtes beau !

— Bonjour, merci, monsieur, c'est gentil !

— Non, mais moi je suis gay, je comprends ce que c'est d'être rejeté pour son identité, je suis avec vous !

— Super, merci de nous soutenir !

— Par contre je dois avouer que je ne comprends pas tout. Les non-binaires ? C'est quoi ça encore ? Et puis bon, les hommes qui veulent devenir femme, ce n'est pas très crédible. Par contre, vous ? Waouh, je suis complètement bluffé, on dirait vraiment un vrai homme ! D'ailleurs, si je savais pas, j'essaierais de vous draguer...

— Non, mais ça va pas ? » explose Lakna à peine a-t-il terminé sa phrase.

Je me lève, enfile ma veste, prends la main de Lakna et nous quittons les lieux.

« Franchement, tu as de la patience, moi je les démarre, ces connards.

— J'aimerais bien que ce soit de la patience, mais c'est plus de la peur. Merci d'avoir réagi d'ailleurs, j'espère que ça ne te donne pas envie de fuir.

— Mais moi, je m'en fous des cons comme ça, ils n'ont pas à nous emmerder. En plus, il voit bien qu'on est ensemble et il se permet quand même de venir draguer mon mec ? Je vais lui apprendre, moi... »

Lakna avait une certaine innocence face aux défis rencontrés par les personnes trans. Une innocence qui me rafraîchissait comme un grand verre d'eau en pleine canicule. Avant notre rencontre, elle n'avait pas une réelle connaissance des transidentités, elle n'était pas particulièrement sensible à nos réalités. Notre amour naissant lui a fait découvrir une nouvelle planète. Il m'a aussi guidé vers un monde qui m'était inconnu jusqu'ici. Sa planète. Elle est infinie, et sa végétation est débordante et magique. Ses océans sont d'un bleu qui me transperce la rétine. Je veux rester vivre sur cette planète, à jamais.

Très vite, nous partons en week-end romantique. Trois jours de connexion intense et ininterrompue. Nous nous dévorons, sans arrêt. Nos corps s'unissent de manière transcendante et spirituelle.

« Tu sais Léon, ton corps ne m'étonne pas, me dit-elle doucement.

— Comment ça ?

— La façon dont ton corps d'homme est construit fait tout à fait sens pour moi. »

J'explose en pleurs. Ces trois jours de profond partage me bouleversent complètement. C'est comme si je sortais de trois ans de sommeil et que mon cauchemar s'achevait enfin. Mes larmes ne s'arrêtent pas de couler, je pleure mes traumatismes des trois dernières années de transition, car je réalise que j'en ai terminé. Je peux regarder en arrière avec un sentiment d'accomplissement.

Grâce à Lakna, je réalise que *je suis assez*. Je n'ai pas besoin d'en faire plus, je n'ai pas besoin d'opérations ou de changements administratifs. Les « madame » meurtriers dans la rue sont terminés. Il existe des femmes pour m'aimer ainsi. J'ai le droit au sexe, à l'amour et au bonheur au même titre que les autres. C'est une claque colossale qui vient éteindre le sentiment monstrueux qui était jusque-là niché dans mes os.

J'ai atteint le sommet, il fait beau et la vue est interminable. Je peux choisir par quel chemin je continue, les possibilités sont infinies.

***

TROIS ANS PLUS TARD

« Bonjour, j'aimerais acheter un costard à mon fils, qu'est-ce que vous nous conseillez ?

— Bonjour messieurs, c'est votre premier costume, jeune homme ?

— Oui, tout à fait.

— Je vous propose un bleu marine classique. Intemporel et parfait pour toutes les occasions. »

Le bras posé fièrement sur mon épaule, mon père marche à mes côtés dans les rues de la ville. Nous partageons une complicité presque mythique, celle que les histoires aiment attribuer aux pères et à leurs fils. Je me sens plus proche de lui que jamais.

« Ce costume te va à merveille, mon fils. »

Ces termes tant attendus réparent mon cœur autrefois meurtri. J'enfile avec fierté ce nouveau costume tant convoité pour me rendre à la Sorbonne, à Paris. J'y donne un cours sur les transidentités afin d'adoucir la vie des étudiant·es trans qui fréquentent cet établissement.

Ce qui aurait pu être ma prison devient mon émancipation. Je crée l'Association Salin, dont le but est la formation ; car je continue de croire intimement que la haine à notre égard émane d'un manque de connaissance.

Une ignorance qui se transforme en peur. Une peur qui instigue une croisade à l'encontre de nos existences. Nous ne sommes plus des êtres, mais des sujets que les politiques utilisent pour se placer sur l'échiquier et acquérir (ou pas) des votes.

Nos apparitions plus fréquentes dans la culture populaire sont un vent de fraîcheur qui nous fait la promesse d'une vie digne et équitable. Un mirage scintillant d'une libre disposition de nos corps et d'un accès garanti aux soins de transition. Une promesse d'un avenir plus acceptant.

Mais ce mirage se retrouve embrumé par ces peurs croissantes marquées par un refus en bloc de notre intégration dans la société. Une hostilité qui se manifeste de façon crue, comme en témoignent les commentaires que je reçois chaque jour sur Instagram :

Les psychiatres ont un bel avenir.

Pitié, loin de nos enfants.

Il y a les hommes, les femmes et les mutants…

Je m'excuse mademoiselle, mais les chromosomes ne mentent pas.

Ma-la-die men-ta-le.

Il y a eu un homme avec une solution entre 39 et 45…

Mais quel monde de détraqués, pitié, pourquoi l'humanité en est arrivée là ?

Non, t'es une femme déguisée en mec.

Le truc, c'est que si ça, ce n'est pas une maladie, alors la schizophrénie, la bipolarité, les troubles psychotiques, etc., ne sont pas des maladies non plus.

Psy pour cette race.

Devenez psychiatres les gars, ça va bien payer dans quelques années.

Tes parents ont pas cru avoir une fille, ils ont eu une fille… point. Et toi tu as cru que t'étais un garçon parce que la société t'a brisée.

Une violence actée par Meta, qui modifie sa politique de modération en 2025 : il devient désormais acceptable sur ses plateformes de qualifier les personnes transgenres de malades mentales ou de *freaks*, sous prétexte de préserver la liberté d'expression dans les discours religieux et politiques*.

Le monde semble se polariser entre tous les mouvements visant une société plus inclusive, péjorativement qualifiés de *woke*, et les autres. Les personnes trans cristallisent ces tensions. La protection des enfants devient un prétexte de notre bannissement, tout contact suscite l'effroi des parents, des possibles électeur·ices pour les politiciens les plus ambitieux :

« Toute école promouvant la théorie critique de la race, la folie transgenre et tout autre contenu racial, sexuel ou politique inapproprié dans la vie de nos enfants sera privée de financement fédéral**. »

Donald Trump, réélu pour un mandat en 2025, nous ôte complètement notre humanité pour nous qualifier de folie transgenre.

Cette vague de crainte n'épargne pas la France où, en 2024, le Rassemblement National fait une ascension fulgurante. Pour le RN, les femmes trans restent « des hommes [qui] prennent la place et les médailles de championnes méritantes*** ».

Tant que nous restions invisibles, les gens n'avaient pas d'avis sur nos existences. Aujourd'hui, tout le monde semble en avoir un. Pourtant, une opinion concernant d'autres êtres humains devrait naître de la réflexion, de l'empathie et de la connaissance, non de la peur ou de l'ignorance.

Si nous voulons empêcher l'histoire de se répéter, il est essentiel d'apprendre à accepter les singularités de chacun·es. La connexion émotionnelle est une force de changement puissante. Elle ouvre la voie à l'empathie, même chez celles et ceux autrefois guidé·es par la peur.

---

* Meta : Knibbs, K., « Meta now lets users say gay and trans people have 'mental illness' », *Wired*, 2025.

** Jimenez, K., « Trump vows to cut federal funding for schools promoting critical race theory and 'transgender insanity' », *USA Today*, 2025.

*** Odoul, J., Proposition de loi n° 1498, Assemblée nationale, 4 juillet 2023.

Avant de lire ce livre, tu ne connaissais peut-être pas de personne trans. Maintenant, si. Ce livre a été écrit pour incarner cette connexion émotionnelle essentielle au changement. C'est une invitation à éveiller les consciences et à remettre en question les idées préconçues sur notre droit fondamental à exister. Le partager, c'est contribuer à déconstruire les peurs et à combattre les discours destructeurs.

Rencontrer un *autre monde* permet d'élargir le sien afin de le rendre plus paisible. Créons des ponts et naviguons ensemble *d'un monde à l'autre*.

ÉPILOGUE

La transition est une expérience différente pour chaque personne. Tu viens de lire une histoire, la mienne. Chaque ascension a ses particularités, ses obstacles et ses réussites.

Aujourd'hui, je mène une vie heureuse, où ma transition n'a plus le même poids que pendant les changements progressifs qu'elle m'a fait traverser. Ma famille m'accepte et me soutient comme je suis. Je considère ma transition comme un cadeau, l'expérience de l'ascension est d'une richesse infinie. Jamais je ne rêverais d'être autrement, je ne changerais rien à ma nature trans.

Les personnes trans existent. Nos vies ne sont pas un débat pour pimenter tes repas de famille ou un titre médiatique un peu plat dans les médias. Nous sommes là, il ne s'agit pas de nous faire disparaître, mais d'apprendre à nous incorporer sainement dans nos sociétés, d'arrêter de nous violenter ou de vouloir contrôler nos corps. Nous existons et c'est magnifique.

BIBLIOGRAPHIE

Ce QR code vous permet d'accéder aux liens de la bibliographie en cliquant simplement !

VIDÉOS

- Losa, M., Pekmez, S., Kunz, O., Serra, S., Kryvosheiev, M., « Temps présent : détransition, ils ont changé de sexe et ils regrettent » [enregistrement vidéo]. 2 mars 2023, RTS.

ÉTUDES

Triade sexe-genre-orientation

- Université de Genève, *Le genre en théorie : distinguer sexe, genre et orientation sexuelle.*

Statistiques sur les interventions médicales sur des mineur·es

- Haute Autorité de Santé (HAS), « Cadrage de la réflexion sur l'accompagnement des enfants et adolescents transgenres », 2022.
- Défenseur des droits, « Avis n° 24-05 relatif à la proposition de loi n° 435 visant à encadrer les pratiques médicales mises en

œuvre dans la prise en charge des mineurs en questionnement de genre », 2024.
- Campbell, D., « Children to stop getting puberty blockers at gender identity clinics, says NHS England », *The Guardian*, 12 mars 2024.
- Office fédéral de la statistique, « Opérations de réassignation sexuelle dans les hôpitaux suisses, de 2019 à 2022 ».

Âge du coming out plus précoce aujourd'hui

- Moskowitz, D. A., Seal, D. W., « Demographic and social factors impacting coming out as a sexual minority among generation-Z teenage boys », *The Journal of Sex Research*, *58*(3), 2021, 303-313.
- Puckett, J. A., Tornello, S., Mustanski, B., Newcomb, M. E., « Gender variations, generational effects, and mental health of transgender people in relation to timing and status of gender identity milestones », *Psychology of Sexual Orientation and Gender Diversity*, *9*(2), 2022, 165-175.

Risques de la testostérone

- Krishnamurthy, N., Safer, J. D., Slack, D., Madsen, M. C., « Erythrocytosis is rare with exogenous testosterone in gender-affirming hormone therapy », *The Journal of Clinical Endocrinology & Metabolism*, *106*(6), 2021, 1710-1717.

Pourcentage de regret de la parentalité

- Piotrowski, K., Mikolajczak, M., Roskam, I., « I should not have had a child: Development and validation of the parenthood regret scale », *Journal of Family Psychology*, 2023.

Nombre de personnes trans

- Ipsos, « LGBT+ Pride 2023 global survey report ».
- GLAAD Media Institute, « Accelerating acceptance report 2024 ».
- Herman, J. L., Flores, A. R., O'Neill, K., « How many adults and youth identify as transgender in the United States? » The Williams Institute, UCLA School of Law, 2022.
- McKechnie, D. G. J., O'Nions, E., Bailey, J., Hobbs, L., Gillespie, F., Petersen, I., « Transgender identity in young people and adults recorded in UK primary care electronic patient records: Retrospective, dynamic, cohort study », *BMJ Medicine*, *2*(1), 2023, e000499.

Pourcentage de détransition

- Van der Loos, M. A. T. C., Hannema, S. E., Klink, D. T., Wiepjes, C. M., « Continuation of gender-affirming hormones in transgender people starting puberty suppression in adolescence: A cohort study in the Netherlands », *The Lancet Child & Adolescent Health*, *6*(12), 2022.
- Bustos, V. P., Ragel, C. V., Meyer, M. H., & Nolan, I. T., « Regret after gender-affirmation surgery: A systematic review and meta-analysis of prevalence », *Plastic and Reconstructive Surgery Global Open*, *9*(3), e3522, 2021.
- Turban, J. L., King, D., Kobe, J., Reisner, S. L., Keuroghlian, A. S., « Factors leading to "detransition" among transgender and gender diverse people in the United States: Results from a national survey », *JAMA Network Open*, *4*(4), e215578, 2021.
- James, S. E., Herman, J. L., Rankin, S., Keisling, M., Mottet, L., Anafi, M., « The report of the 2015 U.S. transgender survey », National Center for Transgender Equality, 2016.

Taux de suicide

- Erlangsen, A., Jacobsen, A. L., Ranning, A., Delamare, A. L., Nordentoft, M., Frisch, M., « Transgender identity and suicide attempts and mortality in Denmark », *JAMA*, *329*(24), 2023, 2145-2153.

Meurtres de personnes trans

- Jackson, S. S., Brown, J., Pfeiffer, R. M., Shrewsbury, D., O'Callaghan, S., Berner, A. M., Gadalla, S. M., Shiels, M. S., « Analysis of mortality among transgender and gender diverse adults in England », *JAMA Netw Open*, *6*(1), e2253687, 2023.
- Fourreau, V., « Plus de 300 personnes transgenres tuées entre octobre 2022 et septembre 2023 », Statista, 14 novembre 2023.

Taux de chômage dans la population générale

- James, S. E., Herman, J. L., Rankin, S., Keisling, M., Mottet, L., Anafi, M., « The report of the 2015 U.S. transgender survey », National Center for Transgender Equality, 2016.

Sans-abrisme chez les jeunes trans

- The Trevor Project, « Homelessness and housing instability among LGBTQ youth », The Trevor Project, 2021.

Violences dans l'espace public

- Brown, E., Debauche, A., Hamel, C., Mazuy, M. (dir.), « Violences et rapports de genre : enquête sur les violences de genre en France », Ined, 2021.

Nombre de personnes trans qui ont recours à des interventions médicales

- Haute Autorité de santé, « Parcours de transition des personnes transgenres », 2022.

Statistiques sur les violences sexuelles

- Lachapelle, M., Gagné, D., Poitras, D., « Statistiques sur la violence sexuelle », Institut national de santé publique du Québec, dernière mise à jour : 24 septembre 2024.
- Lieber, M., « Femmes, violences et espace public : une réflexion sur les politiques de sécurité », *Lien social et Politiques*, 2022.
- James, S. E., Herman, J. L., Rankin, S., Keisling, M., Mottet, L., Anafi, M., « The report of the 2015 U.S. transgender survey », National Center for Transgender Equality, 2016.

Actualités transgenres

- *Meta* : Knibbs, K., « Meta now lets users say gay and trans people have 'mental illness' », *Wired*, 2025.
- *Donald Trump* : Jimenez, K., « Trump vows to cut federal funding for schools promoting critical race theory and 'transgender insanity' », *USA Today*, 2025.
- Odoul, J., Proposition de loi n° 1498, Assemblée nationale, 4 juillet 2023.

REMERCIEMENTS

Je tiens à exprimer toute ma gratitude à :

L'inconnue des toilettes de Londres qui m'a lancé : « C'est les toilettes des filles ici, dégage ! »

Marsha P. Johnson, Sylvia Rivera, Coccinelle, Bambi et Chella Man, qui ont été des sources d'inspiration trans et m'ont permis d'être fier de mon identité.

Toute ma communauté, pour leur suivi, leur soutien, leur défense contre mes *haters* et leur amour.

Lakna, pour sa philosophie de vie si lumineuse qu'elle donne un éclat plus que joyeux à la mienne. Un merci plus particulier pour son accompagnement dans ce projet, elle a su me partager son don créatif à travers ses suggestions et ses corrections.

Salomon, pour son amour inconditionnel et son soutien indéfectible depuis les bancs de l'école.

Ma sœur, pour sa qualité de pilier dans ma vie, rendant toutes les étapes difficiles un peu plus légères par son soutien.

Mormor, qui m'a offert un refuge précieux durant une période cruciale de mon adolescence *queer*.

Mes parents, pour leur évolution remarquable et leur capacité de remise en question qui nous permet d'avoir une magnifique relation aujourd'hui.

Mathy, pour les moments empreints de trans-love et de complicité qui me donnent un sentiment d'appartenance.

Charlie, avec qui j'ai découvert, presque simultanément, nos transidentités, tissant un lien indélébile.

Simo, pour sa bromance réconfortante qui m'a tant apporté.

Laurence et Margaux, pour leur amitié précieuse, leur bienveillance et leur confiance en moi. Vous m'encouragez sans relâche, avec pour seul désir de me voir réussir.

Je tiens également à remercier chaleureusement la maison d'édition Leduc d'avoir cru en ce projet et de l'avoir sélectionné. Un merci tout particulier à Mathilde et Marie pour leurs relectures attentives et leur engagement.

Je souhaite aussi exprimer toute ma gratitude à Caroline, qui m'a guidé avec bienveillance sur le chemin de l'écriture.

Cet ouvrage a été imprimé en utilisant des papiers composés de fibres naturelles, renouvelables, recyclables et fabriquées à partir de bois issus de forêts qui adoptent un système d'aménagement durable. En outre, les fournisseurs de papier s'inscrivent dans une démarche de certification environnementale reconnue.

Achevé d'imprimer sur Roto-Page en février 2025
par l'Imprimerie Floch
53100 Mayenne
Dépôt légal : mars 2025
N° d'impression : 106453

Imprimé en France